관세사 시험 전문 교육기관
해커스관세사
합격 시스템

강사력
업계 최고수준
교수진

교재
해커스=교재
절대공식

관리시스템
해커스만의
1:1 관리

취약 부분 즉시 해결!
교수님 질문게시판

언제 어디서나 공부!
PC&모바일 수강 서비스

해커스만의
단기합격 커리큘럼

합격을 만드는
필수 학습자료 제공

해커스관세사
진민규
무역영어

1 | 핵심이론

해커스

▌이 책의 저자

진민규

경력

현 | 해커스관세사 무역영어 전임 교수
　　해커스금융 온라인 전임 교수
　　관세법인 패스원 관세사
전 | 서울본부세관 관세평가협의회 위원
　　관세평가분류원 관세평가협의회 위원
　　무역협회 무역아카데미 외래교수

자격증

관세사

저서

해커스관세사 진민규 무역영어 1
해커스 국제무역사 1급 4주 완성 이론 + 적중문제 + 모의고사
해커스 무역영어 1급 4주 완성 이론 + 기출문제

머리말

새로운 시작에는 언제나 설렘과 불안감이 공존합니다. 관세사 시험에 도전하는 수험생들에게 모든 과목이 생소하고 부담스러울 수 있으며, 특히 무역영어는 비전공자나 영어에 자신이 없는 분들에게 어려운 과목으로 인식됩니다. 국제협약의 '영어 법률 조문'이 출제되고, 무역실무라는 넓은 시험범위가 주는 압박감이 상당하기 때문입니다. 하지만 무역영어 과목도 자신에게 맞는 효율적인 방법으로 차근차근 준비하면 좋은 결과를 기대할 수 있습니다.

관세사 1차 시험은 절대평가로 각 과목 40점 이상, 평균 60점 이상을 득점하면 되므로, 전 과목 고득점이 아닌 합격에 필요한 점수 확보를 목표로 하는 것이 효율적입니다. 따라서 개인 특성에 맞게 과목별 점수를 전략적으로 배분해야 합니다. 무역영어를 전략과목으로 삼아 고득점을 노릴 수도 있지만, 약점 과목에 지나치게 집중하여 다른 과목을 소홀히 하는 실수는 피해야 합니다.

본 교재의 특징은 다음과 같습니다.

1. 영어 실력이나 무역실무 지식 수준에 따라 목표 점수에 맞는 수험준비가 가능합니다. 무조건 암기가 아닌 이해 기반의 학습을 지향하며, 고득점을 원하는 수험생을 위한 세부내용도 포함하고 있습니다.

2. 최근 출제비중이 높은 국제협약/규칙 원문과 연계하여 학습할 수 있습니다. 이론으로 공부한 내용들이 국제협약/규칙의 독해와 이해로 바로 이어질 수 있도록 무역실무 이론과 국제협약/규칙의 연계성에 중점을 두었습니다.

3. 초심자들의 눈높이에 맞춘 설명으로 생소한 개념을 쉽게 이해하고 반복 학습하며 실력을 향상시킬 수 있습니다. 쉬운 설명을 여러 번 회독하며 이론을 체계적으로 정리하고 문제 풀이 단계로 자연스럽게 연결될 수 있도록 하였습니다.

4. 최근 일반적인 영어독해 비중이 줄어드는 출제경향을 반영하여, 영작이나 구문 해설 자체보다 무역 분야의 영어표현 패턴을 익히고 문제 읽기 속도를 높이는 것에 중점을 두었습니다.

본 교재를 집필하며 저자가 관세사 시험을 준비할 때 느꼈던 수험생으로서의 어려움을 헤아리고자 노력하였습니다. 이는 방대하고 넓은 무역 분야에서 힘쓰고 계신 여러 교수님들과 전문가들의 연구와 서적이 없었다면 불가능했을 것입니다. 또한 많은 도움을 주신 선후배, 동료 관세사님들, 해커스 임직원 여러분께 감사드립니다.

어떤 일에서도 '그래 시간은 충분했어!'라고 말할 수 있던 경우는 거의 없었던 듯합니다. 수험생 여러분이 최종 합격의 기쁨을 맛보는 데 본 교재가 조금이나마 도움이 되기를 간절히 바라며, 관세사라는 꿈을 향해 첫 발을 내딛는 여러분의 앞길에 건승을 기원합니다.

2025년 4월
진민규 관세사

목차

PART 1

국제무역과 계약

Chapter 1 국제무역

I 국제무역이란

무역(Trade)이란 간단하게 상거래이다. 국내거래(Domestic Trade)와의 구분을 위해 국제무역(International Trade)이라는 명칭을 사용하지만 국내거래든 국제거래든 무언가를 사고 팔거나 교환하는 일이라는 점에서는 본질적으로 동일하다.

다만, 국제무역의 거래 당사자들은 다른 국가에 물리적으로 멀리 떨어져 있고 언어와 문화, 법체계, 상관습 등이 달라 국내거래와는 다른 특징들이 나타난다.

II 국제무역의 특징

1. 높은 위험성

국내거래에 비해 국제무역은 장거리의 물품운송이 필요하므로 운송 중 사고발생의 위험인 운송 중의 위험(Transit Risk)이 더 크고, 매도인과 매수인 간에 계약된 물품 또는 물품대금을 수령하는 과정에서 발생하는 위험인 상업위험(Commercial Risk)과 신용위험(Credit Risk)도 더 크다. 또한 환율등락에 의한 환차손을 입을 환위험(Foreign Exchange Risk), 국가 간 정치적 환경과 전쟁 가능성에 의한 비상위험(Emergency Risk, Political Risk) 등 고려해야 할 대상이 더 많으므로 국내거래보다 위험도가 높다.

2. 국제 협약·규칙 및 상관습의 적용

매매당사자간 언어가 다를 뿐 아니라 법체계도 전혀 다르며 상관습도 달라 이를 해결하기 위한 각종 국제 무역규칙이나 협약, 조약과 정형화된 상관습 등이 적용되므로 이를 숙지하는 것이 요구된다.

3. 다수의 종속계약과 관계인

국제무역에는 국가 간의 대금의 결제를 위해 외국환 거래가 필요하다. 단순 송금의 경우에도 외국환은행을 이용하여야 하며 추심이나 신용장 등 결제방법에 따라 복잡한 금융계약을 체결해야 하는 경우도 빈번하다. 또한 국가 간 장거리 운송이 요구되며 물품의 운송을 위해 육상, 해상, 항공운송의 다양한 형태의 운송 서비스를 제공하는 운송인과 운송계약을 체결해야 한다. 이때 긴 운송구간 중의 사고를 대비한 적하보험에 부보하기 위해 보험자와 보험계약을 체결하는 것이 일반적이다. 이 외에도 국가 간에 물품이 이동하는 때에 요구되는 수출·입 통관 및 각종 절차 이행을 위해 다양한 관계인들과 계약을 맺고 협력해야 하므로 주된 거래인 물품매매계약을 이행하기 위해서는 다수의 종속계약 또한 원활히 체결되고 이행되어야 한다.

4. 기타 고려사항

물품의 수출·입에 대하여 부과하는 관세의 납부 및 수출·입 관련 법규의 준수가 요구되는 등 국내거래보다 고려사항이 많으며, 거래과정이 복잡하고 많은 비용이 소요된다. 이외에도 다른 언어와 문화로 인한 문제발생의 소지가 국내거래보다 높다는 특징들이 나타난다.

Chapter 2 무역의 여러 형태

무역은 그 거래대상에 따라 상품(Goods)거래는 유형무역(협의의 무역)으로, 자본(Capital), 용역(Service), 기술(Technique) 등 거래는 무형무역(광의의 무역)으로 나뉘는 등 여러 형태로 나타난다. 그 중 무역실무의 범위는 주로 다음과 같은 유형무역을 대상으로 한다.

Ⅰ 직접무역과 간접무역

1. 직접무역(Direct Trade)
계약과정에 매도인과 매수인 이외의 다른 당사자의 개입이 없는 무역거래를 말한다.

2. 간접무역
제3의 당사자가 매도인과 매수인의 거래에 관여하는 무역거래로 다음과 같은 형태로 구분할 수 있다.

(1) 중계무역(Intermediary Trade)[1]
구매가격과 판매가격의 차익을 위한 무역으로 중계상이 물품을 구매하여 되파는 형태의 무역이다. 일반적으로 중계상은 물품의 제조·가공을 가하지 않고 자신이 구매한 원래의 상태의 물품을 재판매한다.

(2) 중개무역(Merchandising Trade)
중개인이 수출자와 수입자의 거래를 주선하여 계약을 성사시키는 형태의 무역을 말한다. 중개인은 물품 매매계약의 당사자가 아니며 계약체결을 원활히 하는 역할을 수행할 뿐이며 매매되는 물품의 소유권은 매도인으로부터 매수인에게 직접 이전된다. 중개인은 계약의 성립 및 이행에 관련된 위험을 부담하지 않으며 계약의 당사자들로부터 수수료를 수취한다.

(3) 스위치무역(Switch Trade)
물품은 매도인으로부터 매수인에게 인도되지만 대금의 결제는 제3국의 Switcher를 통해 이루어지는 무역이다. 제3국의 통화, 무역금융, 청산계정의 이용 등을 위해 이루어진다.

---

1) "중계무역"이란 수출할 것을 목적으로 물품 등을 수입하여 보세구역 자유무역지역 이외의 국내에 반입하지 아니하고 수출하는 수출입을 말한다(대외무역관리규정 제2조).

해커스관세사 진민규 무역영어 PART 1 국제무역과 계약

Ⅱ 위·수탁무역

1. 위·수탁판매무역(Consignment Trade)

수출자인 위탁자(Consignor)가 수입자인 수탁자(Consignee)에게 무상으로 물품을 수출하여 수탁자가 물품을 판매한 후 수수료와 경비를 제외한 대금을 위탁자에게 송금하는 형태의 무역이다. 물품의 소유권은 최종 판매시점까지 위탁자에게 있고 미판매 물품은 위탁자에게 반환되거나 그의 요구에 따라 제3국으로 재수출된다. 주로 해외시장 개척단계에 이용되는 무역형태이다.

2. 위·수탁가공무역(Processing Trade, Improvement Trade)[2]

위탁자(수출자)가 물품의 가공을 위하여 원자재나 부품을 송부하면 수탁자(수입자, 주로 가공시설·설비와 노동력을 보유한 제조자)가 가공을 완료하여 위탁자에게 다시 수출하거나, 위탁자가 지정하는 3자에게 송부하는 형태의 무역이다.

원재료를 무상으로 공급(무환수출)하고 가공비만 지급하는 경우도 있고, 수탁자가 원재료를 구매(유환수출)하여 가공 후 판매하는 경우도 있다. 또한 일부 원재료는 무상으로 공급하고 일부 원재료는 수탁자가 구매하여 가공하는 경우도 있다. 보통 가공무역이라고 부른다.

Ⅲ 연계무역(Counter Trade)

매매 당사자 간 수·출입 거래가 일방적·일회성인 것이 아니라 한 당사자의 구매에 대해 상대방도 그 당사자의 물품을 구매하는 형태로 이루어지는 무역을 말한다. Open Account나 연계무역 신용장 등의 특정형태의 결제방법을 수반하기도 한다.

1. 물물교환(Barter Trade)

금전(환)거래 없이 상호 간 물품을 교환하는 거래를 말한다.

2. 구상무역(Compensation Trade)과 대응구매(Counter Purchase)

구상무역은 물물교환과 달리 환거래가 있어 1:1의 등가가 아닌 비율로 구매가 가능하며 하나의 계약으로 수출입이 이루어지는 것이 보통이다.

대응구매는 구상무역과 유사하나 수출·입의 거래가 별도의 계약으로 진행되며 대응구매 대상은 상품이 아닌 기타 용역으로도 가능하다.

3. 절충교역거래(Off-set Trade)와 제품환매(Buy-Back)

상기한 거래들의 변형으로, 항공 산업 등 고도기술 제품을 구매하면서 상대방에게 구매자가 자국에서 생산된 부품을 구매하게 하거나 기술이전을 전제로 구매하는 절충교역거래와 설비, 플랜트 등을 수출하고 완성된 시설에서 생산된 제품으로 판매대금을 회수하는 제품환매 등이 있다.

---

2) "수탁가공무역"이란 가득액을 영수(領收)하기 위하여 원자재의 전부 또는 일부를 거래 상대방의 위탁에 의하여 수입하여 이를 가공한 후 위탁자 또는 그가 지정하는 자에게 가공물품 등을 수출하는 수출입을 말한다(대외무역관리규정 제2조).

* 가득액(稼得額): 기업이, 특히 외화를, 실질적으로 벌어들인 액수를 말한다. 위탁가공무역에서는 [수출금액] - [원자재 가격 + 가공비], 수탁가공무역과 중계무역의 경우 [수출금액] - [수입금액]이 가득액이 된다.

IV 기타 수출입 형태에 따른 분류

1. 보세창고도거래(BWT; Bonded Warehouse Transaction)

매도인이 수입국의 보세창고에 매수인이 결정되지 않은 상태에서 물품을 먼저 반입해 두고 수입통관이 되지 않은 상태로 매수인을 찾아 매매계약을 체결하는 형태이다.

매매계약이 체결되지 않은 상태에서 과정이 진행되므로 매도인의 위험부담이 큰 방식일 수 있다. 매수인의 입장에서는 물품을 직접 점검한 후에 거래하는 점검매매(Sale by Inspection)가 가능하다.

신용장에 의한 대금지급의 경우 Stale B/L(기간 경과 B/L)이 문제될 수 있으므로 'Stale B/L Acceptable'의 조건으로 신용장을 개설하도록 하여야 한다.

2. CTS(Central Terminal Station)

매도인이 수입국에 설립한 자신의 현지법인을 매수인으로 하여 물품을 판매하는 방식이다. 물품이 수입통관이 완료된 상태로 국내거래된다는 점에서 BWT와 다르다.

3. 임대차 무역

매매계약이 아닌 임대차 및 소비대차계약에 의한 수출·입 거래를 말한다. 대상 물품은 임대기간이 종료되면 임대인에게 반환하거나 일정 기간 경과 후 임차인에게 소유권이 이전되기도 한다.

4. 보세가공무역(Bonded Improvement/Processing Trade)

보세공장을 이용하여 원재료의 수입 시 수입절차의 이행 없이, 관세납부가 유보된 상태로 물품을 제조·가공하여 다시 수출하는 형태의 거래를 말한다.

5. 통과무역(Transit Trade)

거래되는 상품이 단지 운송의 목적으로 수출국도 수입국도 아닌 제3국을 경유(통과운송)하는 경우, 그 경유국의 입장에서 통과무역이 된다.

6. 우회무역(Roundabout Trade)

특정 국가 간 규제 등을 피하기 위하여 제3국을 통해 수출·입하는 형태의 무역을 말하며 합법적이지 않은 방법으로 규제를 피하기 위한 경우가 많다.

7. OEM(Original Equipment Manufacturing)

주문자상표부착방식을 말하며 주로 유통 및 마케팅 능력이 뛰어난 기업이 생산자의 물품에 생산자의 상표가 아닌 주문자 자신의 브랜드나 상표를 붙여 생산하게 하여 판매하는 방식이다.

8. KD(Knock-Down)

무역의 형태라기보다는 수출·입되는 물품의 상태에 따른 구분이다. 완성품이 아닌 미조립·분해된 상태로 수출·입되어 수입국 내에서 최종 조립되어 완제품이 되는 형태를 말한다.

Chapter 3 무역거래 준비 단계

I 무역거래의 일반적 과정

무역거래의 이행과정을 보통 계약의 성립, 이행, 종료의 3단계로 구분한다.

1. 계약의 성립

무역거래의 준비과정부터 당사자 간 매매계약이 성립하기까지의 단계를 말한다. 해외시장조사, 거래처 선정, 거래제의, 거래조회, 신용조회, 청약과 승낙, 계약 체결, 계약서 작성 등이 이루어진다.

2. 계약의 이행

매도인이 계약물품을 생산 또는 조달하여 인도하고 물품이 운송되며 물품대금의 지급을 위한 결제가 이루어지는 단계를 말한다. 수출품의 제조 및 포장, 서류의 구비, 운송을 위한 운송계약 및 보험계약 체결과 물품의 인도, 국제운송, 대금지급을 위한 금융계약 체결 및 대금결제, 수출입 통관 및 제반 절차이행, 물품의 인수 등이 이루어진다.

3. 계약의 종료

무역거래가 원만히 이행되어 종료되면 이상적이지만 문제가 발생하는 경우 해결하기 위한 과정이 필요하다. Complaint이나 Claim의 제기, 보상, 계약해제와 배상청구 등 권리구제책의 활용과 알선, 조정, 중재, 소송과 그 판정의 집행 등의 과정이 이루어진다.

II 무역거래의 준비 단계

계약 성립 이전까지 일반적으로 다음의 단계들을 거친다.

1. 해외시장조사(Overseas Market Research)

매도인은 수출판매를 위한 시장, 국가 등을 조사하며 매수인은 구매하고자 하는 물품의 조달을 위한 제조자·판매자를 조사하는 단계이다. 대상 시장에 대한 경제, 문화, 정치, 종교, 법제, 상관습 등의 다양한 내용을 대상으로 하며 각종 입수 가능한 자료에 의한 조사, 직접 또는 대리인을 통한 현지조사, 유관기관(각종협회, KOTRA 등)을 이용하는 방법이 있다.

2. 거래처 선정(Selection of Partner)

매도인은 결정된 Target 시장 내의 가망 매수인을 선정하고, 매수인은 물품의 제조자나 판매자를 선정하는 단계이다. 상공회의소 등의 경제단체나 협회 등을 통한 거래선 명부(Business Directory)의 입수 또는 대상 업체를 추천받거나, 전시회·박람회를 활용하는 방법, 중개상을 통한 방법 등이 있다.

3. 거래제의(Business Proposal)

매도인이 거래를 위한 제의를 하는 단계로 카탈로그나 샘플을 함께 송부하기도 한다. 거래제의는 매매계약의 체결을 위한 구체적이고 유효한 청약이 아닌 포괄적이고 구속력이 없는 청약의 유인(Invitation to Offer)에 불과한 경우가 대부분이다. 이때, 다수의 업체에 거래제의 안내문(Circular Letter)을 동시에 보내는 경우도 있다.

거래제의 주요 내용으로는 거래제의의 경위, 추천받은 경로, 자사 및 물품의 소개, 가격 등의 거래조건, 자사의 신용조회처(Credit Reference) 등이 포함된다.

4. 거래조회(Trade Inquiry)

매수인이 특정 매도인에게 거래조건을 문의하는 단계이다. 카탈로그 등의 자료나 샘플을 요청하거나, 가격, 수량, 품질, 포장, 선적가능 시기 등의 구체적 거래조건에 대한 문의와 회신을 주고받는다.

거래조회의 내용으로는 전 단계의 거래제의의 내용에 대해 문의하는 내용이 포함되는 경우도 있다. 거래를 위한 교섭단계이므로, 매수인의 거래제안이 있다 하더라도 정식의 청약인지 단순 조회인지 여부를 판단하여 승낙하여야 한다.

5. 신용조회(Credit Inquiry)

상대방의 파산, 사기, 대금 회수불능, 물품 입수불능 등의 위험을 피하고자 상대방이 계약이행을 위한 충분한 능력을 갖추었는지 확인하기 위하여 신용상태 등을 조사하는 단계이다.

주로 제3자에게 거래하고자 하는 상대방의 신용도에 대해 질의하여 그 회신을 참고하는 방식으로 이루어지며 해당 업계의 현지 사업자에게 조회(동업자조회; Trade Reference), 거래은행에 조회(은행조회; Bank Reference), 전문적인 신용조사기관(Commercial Agency)에 조회하는 방법이 있다.

신용조회의 의뢰에 포함되는 주요 내용은 신용조회의 경위, 조회대상 업체, 조회대상(내용), 내용에 대한 비밀 유지 약속 등이다. 신용조사 이후 거래에 대한 확신이 생기면 본 계약 체결 전에 일반거래조건협정서[3]를 먼저 작성하기도 한다.

> ### 📋 더 알아보기
>
> **조회의 대상(3C's)**
> - Character(성격): 계약이행에 대한 성실성, 태도, 성향 및 평판(Reputation) 등
> - Capital(자본): 원활한 대금지급이나 물품생산을 위한 재무상태 등
> - Capacity(능력): 기업규모, 매출액, 생산능력, 영업권 보유 사항 등
>
> 추가로 Country(국가), Conditions(거래조건), Currency(통화), Collateral(담보능력)을 더 조사하기도 하는데 조회대상의 수에 따라 5C's, 7C's라고 한다.

6. 청약과 승낙(Offer & Acceptance)

계약은 당사자 사이의 의사의 합치를 말한다. 이는 청약과 승낙 즉, 구체적 거래조건을 제시하여 계약을 체결하고자 하는 확정적 의사표시인 청약에 대한 피청약자의 무조건적 승낙의 표시의 과정을 통해 이루어진다.

---

3) 일반거래조건협정서(Agreement on General Terms and conditions of Business; G/A): 당사자 간 거래에 있어 일반적이고 기본적인 사항을 정하여 두기 위한 포괄적 성격의 계약서를 말한다. 이후 실제 이루어지는 각 거래의 구체적 물품명세, 가격, 수량 등의 조건은 달라지더라도 G/A상의 기본적인 사항들인 선적, 결제, 보험 조건, 분쟁해결 조건 등은 반복하지 않아도 되므로 원활하고 신속한 거래가 가능해 진다.

Chapter 4
계약의 성립 - 청약과 승낙

계약이란 계약 당사자 간 구속력 있는 약속을 말한다. 그 내용을 확실히 하고 이후의 분쟁을 방지하기 위해서 계약서를 작성하는 것이 바람직하다. 그러나 계약서의 작성 여부와 관계없이, 하나의 의사표시에 대한 확정적인 동의가 있는 때에, 즉 '의사의 합치'가 있는 때에 계약은 유효하게 성립한다. 이러한 '의사의 합치' 과정은 청약과 승낙이라는 절차를 통해 나타난다.

국제무역에서는 주된 계약인 물품매매계약뿐 아니라 주계약을 이행하기 위한 금융, 운송, 보험 등의 다양한 종속계약이 수반된다. 이러한 무역계약들에 적용되는 원리와 청약과 승낙에 대하여 특히 매매계약을 중심으로 알아본다.

I 국제물품매매계약

1. 국제물품매매계약(International Sales Contract, Trade Contract)
수출국의 매도인은 수입국의 매수인에게 약정된 물품을 인도하여 소유권을 이전하고, 매수인은 물품을 수령하고 대금을 지급하기로 약정하는 서로 다른 국가 간의 물품의 매매계약을 말한다.

2. 무역계약의 법적 성질

(1) 낙성(諾成)계약(Consensual Contract)
당사자 간 의견의 합치만 있으면 성립하는 계약으로 합의계약이라고도 한다. 이에 대비되는 것으로는 의견의 합치 이외에도 급부의 제공이 있는 때 성립되는 요물(要物)계약[4](Substantial/Real Contact)이 있다.

(2) 불요식(不要式)계약(Informal Contract)
계약의 성립을 위해 어떠한 형식도 요구되지 않는 계약을 말하는데 무역계약은 특정 형식의 계약서 없이 구두 또는 기타 의사표현 방법에 의해 합의되었다 하더라도 유효하게 성립된다. 이와 달리, 어음발행에서와 같이 일정한 형식을 갖추어야만 유효한 것으로 인정하는 계약을 요식계약(Formal)이라 한다.

(3) 쌍무(雙務)계약(Bilateral Contract)
계약의 당사자 모두 서로에게 의무를 부담하는 계약을 말한다. 매매계약이 성립하면 매도인은 물품을 인도할 채무(매수인은 인도를 받을 채권)를 지고 매수인은 대금을 지급할 채무(매도인은 대금을 지급받을 채권)를 동시에 지게 된다. 반면에 증여, 소비대차, 사용대차와 같이 한 당사자의 채무만 있고 계약상 의무의 교환이 없는 경우를 편무(Unilateral)계약이라고 한다.

(4) 유상(有償)계약(Remunerative Contract)
매도인은 물품을 인도하고 매수인은 대금을 지급하는 것과 같이 당사자간에 대가적 급부의 교환을 약정하는 계약을 말한다. 한 당사자가 반대급부의 제공 없이 일방적으로 받기만 하는 증여와 같은 무상계약과 대비되는 성질이다.

---

4) ⓔ 잃어버린 강아지를 찾아주면 10만원을 주겠다고 현상금을 건 경우 그 강아지를 찾아주는 때에(급부를 제공한 때) 계약이 비로소 성립하고 현상금을 요구할 수 있다.

3. 계약의 성립요건과 약인(Consideration)

(1) 유효한 계약의 성립요건

① 행위능력 있는 당사자간의 진정한 의견합치가 있고 합의된 내용에 구속된다는 의사표시가 있어야 한다.

② 내용이 충분히 확정적이며 실현 가능해야 한다.

③ 적법5)하여야 한다.

(2) 영·미(英·美)계약법에서는 다음 2가지를 유효한 계약으로 본다.

① 날인계약(Contract under Seal): 일정 형식을 갖춘 날인증서(Deed, Specialty 등)에 의한 계약을 말한다.

② 단순계약(Simple Contract): 날인증서 없는 계약을 말한다. 단순계약에는 반드시 약인이 수반되어야 한다. 약인(約因 Consideration)이란 계약 당사자 간의 법적 이익 또는 손해의 교환 또는 이에 대한 약정을 말한다. 물품매매계약에서의 매도인의 물품인도와 매수인의 대금지급 약정을 약인이라 할 수 있다.

> A contract of sale of goods is a contract by which the seller transfers or agrees to transfer the property in goods to the buyer for a money consideration, called the price. SGA §2-(1)
>
> 물품매매계약은 매도인이 대금이라는 금전적 약인[을 대가로]으로 매수인에게 물품의 소유권을 이전하거나 이전할 것을 약정하는 계약이다.

4. 무역계약의 특수성

(1) 국제 상관습의 적용

국가 간 상이한 상관습이나 법체계로 인해 발생할 수 있는 문제를 방지하기 위하여 통상적으로 정형거래조건 등 정형화된 상관습이 이용된다.

(2) 불특정 선물이 주요 대상

국제물품매매계약의 대상이 되는 물품은 특정된(Ascertained) 현물(Existing Goods)보다는 불특정(Unascertained)의 선물(Future Goods)인 경우가 많다.

> **📖 더 알아보기**
>
> **현물과 선물, 충당의 개념**
>
> 현물과 선물은 계약 당시의 물품 존재 여부에 따라 구분되는 개념이며, 불특정물은 충당에 의해 특정물로 된다. 충당(充當, Appropriation, Ascertain, Identify)이란 다수의 동종 물품 중에서 계약 물품(Contract Goods)을 구분하여 확정하는 것을 말한다.
>
> > ~ the buyer bears all risks of loss of or damage to the goods ~, provided that the goods have been clearly identified as the contract goods. (Incoterms® 2020, EXW. B3)
> >
> > ~ 매수인이 물품의 멸실 또는 훼손의 모든 위험을 부담한다 ~, 다만 물품은 계약물품으로 명확히 특정되어 있어야 한다.

---

5) 마약거래와 같은 불법행위는 법적판단 및 보호의 대상이 아니다.

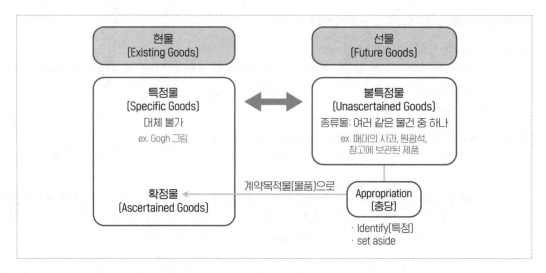

(3) 다수의 종속계약을 수반

매매계약 이행단계의 국가 간 운송, 대금결제 등을 위하여 운송계약, 보험계약, 금융계약 등 주 계약인 매매계약에 부수하는 종속계약을 체결해야 한다.

Ⅱ 청약과 승낙

1. 무역계약의 성립 과정

계약은 당사자 간 의사의 합치가 있는 때에 성립한다. 이러한 의사의 합치의 과정은 계약을 체결하고자 하는 일방이 조건을 제시하며 거래를 제의하는 '청약'(Offer)과 그 청약을 조건 없이 받아들이겠다는 의사표시인 '승낙'(Acceptance)의 형태로 나타난다. 이하에서는 주로 '국제 물품매매계약에 관한 UN협약'(Vienna 협약, CISG)의 규정을 기본으로 하여 청약과 승낙에 대해 알아본다.

> A contract is concluded at the moment when an acceptance of an offer becomes effective in accordance with the provisions of this Convention. CISG §23
>
> 계약은 청약에 대한 승낙이 이 협약에 따라 효력을 발생하는 시점에 성립된다.

2. 청약(Offer)

(1) 청약이란

일방이 상대방에게 일정한 조건으로 계약을 체결하자고 하는 제안으로 청약자(Offeror)가 자신이 제시한 명확한 조건에 대해 피청약자(Offeree)의 무조건적인 승낙이 있으면 그 조건대로 계약을 체결하겠다는 확정적인 의사표시를 말한다.

(2) 청약의 요건(CISG 제14조)

① ㉠ 특정인에 대한 ㉡ 계약체결의 제안으로서 그 내용이 ㉢ 충분히 명확하고 ㉣ 승낙에 구속된다는 의사표시가 있으면 유효한 청약이다.

② ㉠ 물품을 표시하고 ㉡ 수량과 가격을 명시적 또는 묵시적으로 정하거나 결정할 수 있는 조항이 있으면 충분히 명확하다.

A proposal for concluding a contract addressed to one or more specific persons constitutes an offer if it is sufficiently definite and indicates the intention of the offeror to be bound in case of acceptance. A proposal is sufficiently definite if it indicates the goods and expressly or implicitly fixes or makes provision for determining the quantity and the price. CISG §14-(1)

1인 또는 수인의 특정인에 대한 계약체결의 제안은 충분히 확정적이고 승낙 시에 그에 구속된다는 청약자의 의사가 표시되어 있는 경우에 청약이 된다. 제안이 물품을 표시하고, 명시적 또는 묵시적으로 수량과 가격을 정하거나 그 결정을 위한 조항을 두고 있는 경우에, 그 제안은 충분히 확정적인 것으로 한다.

[3] 청약의 유인(Invitation to Offer)

청약의 유인을 받은 당사자가 청약을 해 오도록 하는 것이 목적인, 청약의 요건을 갖추지 않은 단순한 거래의 제안을 말한다. 이에 대한 회신은 청약이 되며 승낙이 아니다. 불특정인에 대한 광고, 경매나 입찰공고, 견적서나 카탈로그 등의 전달 등을 청약의 유인으로 본다.

A proposal other than one addressed to one or more specific persons is to be considered merely as an invitation to make offers, unless the contrary is clearly indicated by the person making the proposal. CISG §14-(2)

불특정 다수인에 대한 제안은 제안자가 반대[의사]를 명확히 표시하지 아니하는 한, 단지 청약의 유인으로 본다.

[4] 청약의 종류

매도인의 청약을 매도청약(Selling Offer) 매수인의 청약을 매수청약(Buying Offer)이라 하며 이외에도 다음과 같이 여러 종류로 나누어 볼 수 있다.

① 확정청약과 불확정 청약

    ㉠ 확정(취소불능)청약(Firm/Irrevocable Offer): 확정청약은 구속력(Binding Force)을 가지므로 청약이 피청약자에게 도달한 이후에는 청약자가 임의로 취소·변경할 수 없다.

    청약에 유효기간(Validity Term)을 두거나 유효기간이 없더라도 '확정(Firm)', '취소불능(Irrevocable)' 등의 문구로 확정청약임을 표시하면 확정청약이 된다.

    ㉡ 불확정(자유)청약(Free/Revocable Offer): 불확정청약도 승낙이 있는 경우 계약이 성립하지만, 피청약자가 승낙하기 전에는 청약자가 취소·변경할 수 있는 청약이다.

② 조건부청약(Conditional Offer): 청약의 효력과 관련하여 조건이 붙은 청약을 말하는데, 해당 조건에 따라 청약의 유효성을 판단하여야 한다. 단, 유효기간 내에 승낙을 회신해야 한다는 청약의 조건은 확정청약을 구성하는 것이지 조건부청약이 되는 것이 아니라는 점에 유의하여야 한다.

    ㉠ 승인조건부(점검매매조건부)청약(Offer on Approval): Offer와 함께 물품을 송부하여 피청약자가 물품을 실물로 확인한 후 계약여부를 판단할 수 있도록 하는 청약이다. 승낙하는 경우 대금을 송금하고 송부된 물품을 사용하면 되고, 구매의사가 없으면 물품을 반송한다. 확정청약의 유효성에 영향이 없는 청약조건이다.

    ㉡ 반품허용조건부청약(Offer on Sale or Return): 판매되지 않은 물품에 대해서는 반품이 가능한 조건의 청약으로 Offer와 함께 물품을 송부하는 경우가 일반적이며 서적 등의 위탁판매에 주로 사용된다. Offer on Approval과 마찬가지로 확정청약의 유효성에 영향을 주지 않는다.

    ㉢ 재고잔류조건부청약(Offer subject to being Unsold, Stock Offer)/선착순매매조건부청약(Offer subject to Prior Sale): 승낙하더라도 재고가 남아있는 경우에만 유효하다. 불확정청약으로 Seller's Market인 경우 다수의 매수인에게 Offer할 때 사용된다.

ⓔ 무확약청약(Offer without Engagement)/시황조건부청약(Offer subject to Market Fluctuation): Offer에서 제시한 가격 등의 조건이 시장상황에 따라 변경 가능하도록 조건을 붙인 청약으로 불확정청약의 일종이다.

　　ⓜ 최종확인조건부청약(Sub-con; Subject to our Final Confirmation): 청약자의 최종 확인이 있어야 하는 청약으로 실질적으로 청약의 유인이다. 피청약자가 승낙을 하여도 청약자가 확인하는 때 계약이 성립하므로 피청약자의 승낙이 실질적인 청약이 되고 최초 청약자의 확인이 승낙이 된다.

③ 반대청약과 교차청약

　　㉠ 반대(대응)청약(Counter Offer): 원래의 청약의 조건을 변경하거나 추가한 승낙은 승낙이 아닌 새로운 청약이 된다. 원래의 청약에 대한 승낙의 의사를 표시하더라도 조건의 추가나 변경이 있는 경우에도 이는 승낙이 아닌 반대청약이며 새로운 청약을 한 것이 된다.

　　㉡ 교차청약(Cross Offer): 당사자들이 각각 동일한 내용을 청약한 경우를 말한다. 우리나라 민법에서는 교차청약 자체로 계약이 성립한 것으로 보나, 영미법에서는 인정하지 않으므로 계약으로 성립하기 위해서는 어느 한 당사자의 승낙이 있어야 한다.

[5] 청약의 효력 발생과 소멸

① 청약의 효력 발생 시기: 청약은 상대방에게 도달한 때 효력이 발생한다.

> An offer becomes effective when it reaches the offeree.(CISG Article 15(1))
> 청약은 상대방에게 도달한 때에 효력이 발생한다.

② 청약 효력의 소멸

　　㉠ 피청약자가 청약에 대해 의사표시

　　　　ⓐ 승낙(Acceptance): 청약의 내용으로 계약이 성립하며 청약은 소멸한다.

　　　　ⓑ 거절(Rejection): 계약이 성립되지 않고 청약은 소멸한다.

　　　　ⓒ 반대청약(Counter Offer): 반대청약이 새로운 청약이 되며, 원래의 청약은 소멸한다.

　　㉡ 청약자에 의한 철회 또는 취소

　　　　ⓐ 철회(Withdrawal): 취소불능(Irrevocable)청약이라도 청약과 동시 또는 도착 전 철회가능하다.

　　　　ⓑ 취소(Revocation, Cancellation): 불확정청약을 취소가능하다.

　　㉢ 기간의 경과로 인한 소멸

　　　　ⓐ 유효기간이 정해진 청약의 경우: 해당 유효기간의 경과로 소멸한다.

　　　　ⓑ 정해진 유효기간이 없는 경우: 상당기간(Reasonable Time)이 경과하면 소멸한다.

　　㉣ 기타의 사유: 확정청약이라도 당사자 간 합의에 의해 취소하거나 당사자의 사망[6]의 경우 등의 소멸사유가 있다.

---

6) 영미법에서는 당사자의 사망을 효력 소멸의 사유로 보나, 우리나라 민법의 경우 당사자의 사망이 의사표시의 효력에 영향을 미치지 않는다고 본다. 민법 §111-(2)

📑 표로 정리하기

청약의 종류

청약이 아님	청약의 유인	예 불특정인에 대한 청약, Sub-con Offer 등	유효한 청약이 아님 승낙의 표시가 있어도 계약 성립하지 않음
확정성	확정청약 (Firm)	기한이 있거나 Firm, Irrevocable의 문구가 있는 청약	취소불능. 단, 청약과 동시에 또는 먼저 철회의 뜻을 통지하면 철회 가능
	불확정청약 (Free)	확정청약의 표시가 없는 청약	승낙 전에는 취소나 변경 가능
조건부	청약의 확정성과 무관	예 Offer on Approval, Offer on Sale or Return	피청약자의 선택 조건이므로 청약의 확정성에 영향이 없음
	청약의 확정성에 영향	예 Offer subject to Prior sale, Offer subject to being Unsold, Offer without Engagement, Offer Subject to Market Fluctuation	승낙이 있어도 청약의 조건에 부합하여야만 계약 성립

3. 승낙(Acceptance)

(1) 승낙이란

청약의 내용대로 계약하겠다는 무조건적(Unconditional)이고 확정적인 의사표시를 말한다. 계약을 '의사의 합치'라는 관점에서 보아 승낙이 있는 때 '의사의 합치'가 있는 것이므로 승낙이 효력을 발생하는 때 계약은 성립한다.

> A statement made by or other conduct of the offeree indicating assent to an offer is an acceptance. CISG §18
> 청약에 대한 동의를 표시하는 상대방의 진술이나 다른 행위는 승낙이 된다.

(2) 승낙의 요건

① 경상(鏡像)의 원칙(Mirror Image Rule): 완전일치의 원칙이라고도 한다. 거울에 비친 모습과 같이 청약의 내용과 정확히 일치해야 한다. 즉, 승낙의 의사표시는 무조건적(Unconditional)이며 완전(Complete, Absolute, Unqualified)하여야 한다. 승낙의 의사가 있더라도, 청약의 조건을 변경하거나 조건을 추가한 승낙은 반대청약이 된다. [※ 변경된 승낙의 예외]

② 기간 내에 승낙: 청약의 유효기간(Terms of Validity)이 있는 경우는 그 기간 내에, 유효기간이 없는 경우에는 합리적인 기간 내(Within a Reasonable Time)에 승낙해야 한다. [※ 지연된 승낙의 예외]

③ 피청약자(적격자)의 승낙

④ 승낙의 표시: 청약에서 지정한 방식이 있는 경우 그 방식으로 승낙하여야 하나 그렇지 않은 경우에는 적절한 방법으로 승낙을 표시하면 된다. 대금의 지급과 같이 행위로 동의를 표시할 수 있는 경우도 있다. 침묵(Silence)이나 부작위(Inactivity)는 그 자체만으로는 승낙이 되지 않는다.

> Silence or inactivity does not in itself amount to acceptance. CISG §18
> 침묵 또는 부작위는 그 자체만으로는 승낙이 되지 아니한다.

[3] 승낙의 효력

① 승낙의 효력: 승낙이 있는 때 청약의 내용대로 계약이 성립한다.

> A contract is concluded at the moment when an acceptance of an offer becomes effective in accordance with the provisions of this Convention. CISG §23
>
> 계약은 청약에 대한 승낙이 이 협약에 따라 효력을 발생하는 시점에 성립된다.

② 승낙 효력의 발생 시기: CISG에서 '승낙은 그 동의의 표시가 청약자에게 도달하는 때에 효력을 가진다.'라고 하여 도달주의를 채택하고 있다.

> An acceptance of an offer becomes effective at the moment the indication of assent reaches the offeror. CISG §18
>
> 청약에 대한 승낙은 동의의 의사표시가 청약자에게 도달하는 시점에 효력이 발생한다.

> **⊞ 더 알아보기**
>
> **의사표시의 효력 발생 시기**
>
> 청약과 승낙의 의사표시가 언제 효력을 발휘하는지에 대하여 각국의 법체계(Legal System)에서 다른 기준을 정하고 있는데 이를 다음의 세 가지로 분류할 수 있다.
>
> (1) **발신주의**: 의사표시를 발신, 즉 의사표시를 한 때를 기준으로 효력이 발생한다고 보는 입장
> (2) **도달주의**: 의사표시가 상대방에게 도달한 때 효력을 발생한다고 보는 입장
> (3) **요지주의**: 의사표시가 도달하여 상대방이 그 내용을 실질적으로 인지할 때 효력이 있다고 보는 입장
>
> **청약**: 도달주의(청약의 내용이 도달하여야 승낙이 가능하므로)
>
> 승낙:
>
> | | CISG, 독일 등 | 한국, 일본, 영국 등 | 미국 |
> |---|---|---|---|
> | 대화자 간;
의사가 즉시 전달되는 대면, 전화, fax 등 | 도달주의 | 도달주의 | 대면: 도달주의
전화, Telex: 발신주의 |
> | 격지자 간;
의사전달에 시간이 소요되는 우편, 전보 등 | 도달주의 | 발신주의 | 발신주의 |

③ 변경된 승낙의 효력(CISG §19)

　　㉠ 원칙: 청약의 조건을 변경하거나 추가한 경우에는 반대(대응)청약(Counteroffer)이 되며 원 청약은 소멸하고 새로운 청약을 한 것으로 본다.

　　㉡ 예외적 인정: 그러나 ⓐ 승낙에 부가되거나 변경되는 내용이 원 청약의 조건을 실질적으로 변경(Materially Alter)하는 것이 아니고, ⓑ 청약자가 그 상이함에 대해 이의를 제기하지 않는 한, 원칙적으로 계약의 성립이 인정된다.

　　(실질적 변경의 예시: 대금, 대금의 지급, 물품의 품질, 수량, 인도장소 및 시기, 책임범위, 분쟁해결 조건 등) 즉, 중요 계약내용의 변경이나 추가가 아니고 청약자도 이의가 없으면 승낙으로 인정된다.

④ 지연된 승낙의 효력(CISG §21)

　㉠ 유효기간이 경과된 승낙(Late Acceptance): 청약자가 승낙이 효력이 있다는 통보를 하면 유효한 승낙으로 보아 계약은 성립한다.

　㉡ 전달과정의 지연: 서신이나 서면으로 유효기간 이후에 도착한 승낙이 사정으로 보아 정상적이었으면 유효기간 내에 도착하였을 것으로 인정되는 경우(천재지변이나 배달사고 등)에는 그 효력이 인정된다. 단, 청약자가 승낙자에게 승낙이 실효되었음을 알리는 경우는 계약으로 성립되지 않는다.

⑤ 승낙의 철회(Withdrawal): 승낙의 효력이 발생하기 전 또는 그와 동시에 철회의 의사표시가 도달하면 철회된다.

An acceptance may be withdrawn if the withdrawal reaches the offeror before or at the same time as the acceptance would have become effective. CISG §22

승낙은 그 효력이 발생하기 전 또는 그와 동시에 철회의 의사표시가 청약자에게 도달하는 경우에는 철회될 수 있다.

Chapter 5 계약의 증빙 - 계약서

Ⅰ 계약서의 필요성

무역계약은 당사자 간 합의로 성립(낙성)하며, 형식에 관계없이 성립(불요식)한다. 따라서 그 성립 자체는 계약서 등의 문서의 작성여부와 관련이 없다. 그러나 그 합의의 내용을 확실히 기록하여 분쟁을 미연에 방지하거나 분쟁이 발생한 경우 원활한 해결과 보상을 위하여 계약서를 작성하는 것이 바람직하다[7].

Ⅱ 계약서의 작성 방법

무역계약서는 따로 정해진 양식이나 절차를 따라야 하는 것은 아니므로 그 명칭도 'Contract', 'Agreement' 등을 사용하였는지에 관계없으며 해당 거래의 특성이나 상관례, 당사자의 관계 등을 고려하여 여러 형태의 계약서가 사용될 수 있다.

계약서의 내용에 포함되어야 할 사항으로는 당사자의 표시, 계약의 대상 물품, 수량 및 가격, 결제조건, 선적조건, 검사조건, 보험, 포장 및 화인, 분쟁해결 조건 등이 있다.

> A contract of sale need not be concluded in or evidenced by writing and is not subject to any other requirement as to form. It may be proved by any means, including witnesses. CISG §11
>
> 매매계약은 서면에 의하여 체결되거나 입증될 필요가 없고, 방식에 관한 그 밖의 어떠한 요건도 요구되지 아니한다. 매매계약은 증인을 포함하여 어떠한 방법에 의하여도 입증될 수 있다.

📋 더 알아보기

계약내용 증빙의 여러 방법

구매주문서(P/O; Purchase Order)와 주문확인서(Acknowledgement) 등은 실무상 많이 접하게 되는 무역서류인데, 주로 매수인이 매도인에게 주문할 상품의 명세와 가격, 결제조건, 선적조건 등을 기재한 구매주문서를 발송하면 매도인이 이에 대한 확인으로 주문확인서를 발행한다. 이 서류들이 그 자체로 청약과 승낙이 되어 계약이 성립하는 경우도 있으며 별도의 계약서를 작성하지 않는 경우 이렇게 교환된 서류들이 계약의 증빙이 될 수 있다.

구매주문서, 주문확인서 이외에도 다음과 같은 다양한 명칭이 사용되나 그 근본 취지는 같은 것으로 이해할 수 있다.

to Buy 구매 주문	매수인(Buyer) 발신 주문서류	매도인(Seller)의 주문확인서류
	Purchase Order(P/O), Order sheet, Offer sheet, Order, Purchase note 등	Acknowledgement of Order, Acceptance of Order, Confirmation of Order 등
to Sell 판매 약정	매도인(Seller) 발신 판매약정 서류	매수인(Buyer)의 구매확인서류
	Sales Note, Confirmation of sale 등	Confirmation of Purchase, Purchase Note 등

---

7) 이를 위하여 신뢰관계가 형성되지 않은 당사자 간에는 '계약서 작성을 조건으로 승낙(Acceptance subject to Contract)'하는 경우도 있다. 이 경우 정식의 계약서가 작성되어 서명하면 계약이 성립한다.

Ⅲ 계약서의 종류

1. 포괄계약과 개별계약

(1) 포괄계약(일반거래조건 협정서)

포괄계약이란 동일한 당사자 간 장기간 반복되는 거래에서, 기본적으로 적용되는 계약의 일반적인 사항 (일반거래조항; General Terms and Conditions)에 대해 따로 합의하여 두는 것을 말한다. 그 명칭으로 Master Contract 등이 사용되기도 하나 일반거래조건협정서(Agreement on General Terms and Condition of Business, General Agreement; G/A)가 가장 보편적이다.

일반거래조건협정서에서 당사자 간 거래 전반에 적용될 준거법, 분쟁해결 방법, 결제방법 등에 대해 미리 협의하여 두면 거래의 일관성을 유지하고 같은 사항을 개별거래에서 반복하지 않아도 되므로 계약 체결이 간편해진다.

(2) 개별계약

개별계약은 G/A에서 정하지 않은 거래의 구체적인 사항에 대한 것이며, 포괄과 개별계약을 구분하지 않고 하나의 계약서에 모든 내용을 담을 수도 있다.

2. 계약의 내용에 따른 여러 분류

위 · 수탁판매(Consignment)계약, 임대차무역(Lease)계약, 가공무역(Processing)계약, 독점(Exclusive) 계약 등 여러 무역거래 형태에 따라 계약서의 표제를 달리 하거나, 표제에 관계없이 세부조항에 이러한 내용을 표시하기도 한다.

> **📑 더 알아보기**
>
> **Letter of Intent(L/I; 거래 의향서)**
> 계약체결 이전단계에서 거래를 체결할 의사가 있음을 표시하는 문서이다. 구체적인 계약내용이 확정되지 않은 경우가 많으므로 일반적으로 법적구속력은 없다.

> **📑 더 알아보기**
>
> **MOU(Memorandum of Understanding)**
> 양해각서로 불리며 엄밀한 의미에서 계약서는 아니며 상징적 의미에 불과하다. 구체적인 계약에 앞서 큰 틀에서 계약체결의 의사가 있음을 확인하는 경우 또는 규모가 크고 복잡한 계약에서 그때까지 의견 조율된 내용을 정리하여 확인하는 용도로 많이 사용된다.

일반거래조건협정서의 예

Agreement on General Terms and Conditions of Business

This agreement entered into between the PINEAPPLE COMPUTER CO., INC., CA. U.S.A.(hereinafter called the buyer), and the LEO TRADING CO., LTD., Seoul, Korea(hereinafter called to as the seller) witness as follows;

1. BUSINESS: Both seller and buyer act as principals and not as agents.
2. QUALITY: The quality of the goods to be shipped should be about equal to the sample on which an order is given.
3. QUANTITY & PRICES: Weight and quantity determined by the seller, as set forth in shipping documents, Unless otherwise specified, prices are to be quoted in U.S. Dollars on C.I.F. Port of L.A., basis.
4. PAYMENT: Draft is to be drawn at Sight for the full invoice amount under Irrevocable Letter of Credit which should be opened in favor of seller immediately documents attached, namely, Bill of Lading, Insurance Policy, Commercial Invoice and other documents which each contract requires.
5. FIRM OFFERS: All firm offers are to remain effective for three days including the day cabled. Sundays and national holidays shall not be counted as days.
6. ORDERS: Except in cases where firm offers are accepted all orders are to be subject to the seller's final confirmation.
7. PACKING: Wooden case packing for export is to be carried out, each case bearing the mark 'PineApple' with port mark, running case numbers, and the country of origin.
9. SHIPMENT: Shipment is to be made within the time stipulated in each offer. The date of Bill of Lading shall be taken as conclusive proof of the day of shipment. Unless expressly agreed upon, the port of shipment shall be at the seller's option.
10. MARINE INSURANCE: All shipments shall be covered on All Risks including War Risks and S.R.C.C. for the invoice amount plus 10(ten) percent. All policies shall be made out in U.S.Dollar and claims payable in Los Angeles.
11. FORCE MAJEURE: The seller shall not be responsible for the delay in shipment due to force majeure, including mobilization, war, strikes, riots, civil commotion, hostilities, blockade, requisition of vessels, prohibition of export, fires, floods, earthquakes, tempest and any other contingencies, which prevent shipment within the stipulated period. In the event of any of the aforesaid causes arising, documents proving its occurrence or existence shall be sent by the seller to the buyer without delay.
15. DELAYED SHIPMENT: In all cases of force majeure provided in the Article No. 11 the period of shipment stipulated shall be extended for a period of twenty one(21) days. In case shipment within the extended period should still be prevented by a continuance of the causes mentioned in the Article No.11 or the consequences of any of them, it shall be at the buyer's option either to allow the shipment of late goods or to cancel the order by giving the Sellers the notice of cancellation by cable.
16. CLAIMS: Claims, if any, shall be submitted by cable within fourteen(14) days after arrival of goods at destination. Certificates by recognized surveyors shall be sent by mail without delay.
17. ARBITRATION: All claims which cannot be amicably settled between sellers and buyers shall be finally settled by arbitration in Seoul, Korea in accordance with the Commercial Arbitration Rules of the Korea Commercial Arbitration Board and under the Laws of Korea. The award rendered by the arbitrator shall be final and binding upon both parties concerned.
18. JURISDICTION: Seoul, Korea in accordance with the Commercial Arbitration Rules of the Korea Commercial Arbitration Board
19. TRADE TERMS & GOVERNING LAWS: Unless specially stated, the interpretation of trade terms under this contract shall be governed and interpreted by the Incoterms 2020. And This agreement shall be governed as to all matters including validity, construction, and performance under and by United Nations Convention on Contracts for the International Sale of Goods(1980).

This agreement shall be valid on and after July 15, 20xx

(Buyer) PINEAPPLE COMPUTER CO., INC.   (Seller) LEO TRADING CO., LTD.
(signed)   (signed)

PURCHASE ORDER

Messrs.   Your Ref.........................124512

LEO TRADING CO., LTD.   Our Ref......................RT-07009

1-1 Sinsa-dong, Ganggnam-gu, Seoul, Korea.   Date & Place..May. 27, 20XX

Dear Sirs.

We PINEAPPLE COMPUTER INC., as Buyer, hereby confirm our purchase of the following goods in accordance with the terms and conditions given below

DESCRIPTION	DISPLAY PANEL ASC-1234
QUALITY	AS PER SPECIFICATION No. 129767-N5, Jan. 12. 20XX
QUANTITY	600PCS. ONLY.
PRICE	CIF Long Beach. ASC-1234 @US$1000.00/PCS
AMOUNT	TOTAL: US$600,000.00
INSURANCE	INSURANCE POLICY/CERTIFICATE BLANK ENDORSED FOR 110% OF C.I.F VALUE WITH CLAIMS PAYABLE IN C.A USA IN THE CURRENCY OF THE DRAFT INSURANCE TO INCLUDE I.C.C.(A) WITH INSTITUTE WAR CLAUSES, S.R.C.C CLAUSES.
PAYMENT	BY L/C AT SIGHT IN YOUR FAVOUR ADVISING THROUGH KOREA EXCHANGE BANK, SEOUL, KOREA FROM CITI BANK LTD., CA USA(INTEREST IS FOR SELLER'S ACCOUNT.)
MARKS & NO	TO BE MARKED ON BOTH SIDES OF EACH CARTON BOX AS FOLLOWS: C/NO. 1-1/UP
REMARKS	ONE ORIGINAL CERTIFICATE OF ORIGIN FORM "KORUS-FTA" & TWO COPIES OF NON-NEGOTIABLE B/L, INVOICE, PACKING LIST, INSURANCE POLICY SHOULD BE GIVEN BY YOU UNDER A CAPTAIN'S CARE FOR DELIVERY TO US.

confirmed & accepted by:

매매계약서의 예

SALES CONTRACT

LEO TRADING CO. LTD. as seller, hereby confirms having concluded the sales contract with PINEAPPLE COMPUTER CO. INC. as Buyer, to sell following goods on the date and on the terms and conditions hereinafter set forth. The Buyer is hereby requested to sign and return the original attached.

CONTRACT NO. 1245

DESCRIPTION	QUANTITY	UNIT PRICE	AMOUNT
DISPLAY PANEL ASC-124	100 SETS	USD1000.00	USD100,000.00

Time of Shipment: On or about May. 15. 20xx

Port of Shipment: Busan, Korea

Port of Destination: Long Beach. USA

Payment: BY L/C AT SIGHT IN YOUR FAVOUR
ADVISING THROUGH KOREA EXCHANGE BANK, SEOUL, KOREA FROM
CITI BANK LTD. CA USA(INTEREST IS FOR SELLER'S ACCOUNT.)

Insurance: TOTAL: US$110,000.00
INSURANCE POLICY/CERTIFICATE BLANK ENDORSED FOR 110% OF C.I.F VALUE WITH CLAIMS PAYABLE IN C.A USA IN THE CURRENCY OF THE DRAFT INSURANCE TO INCLUDE I.C.C.(A) WITH INSTITUTE WAR CLAUSES, S.R.C.C CLAUSES.

Packing: 10 SETS/CARTON MARKED ON BOTH SIDES OF EACH CARTON BOX AS C/NO. 1-1/UP

Accepted by

PINEAPPLE COMPUTER CO., INC.   LEO TRADING CO., LTD.

(Buyer)   (Seller)

(Signature)   (Signature)

Date

무역계약과 CISG

I 무역계약과 준거법

국제물품매매계약의 당사자들은 서로 다른 국가에 위치하고 국가별로 법체계가 다를 수밖에 없다. 따라서 그 거래에 적용할 법률을 미리 결정하여 두지 않는다면 큰 혼란이 생긴다. 이를 방지하기 위하여 해당 거래에서 당사자 사이에 적용될 법률 즉, 준거법(Governing Law, Applicable Law) 결정에 대한 내용을 미리 합의하고 결정해 두어야 한다.

준거법은 당사자 간 합의에 의해 결정할 수 있고, 합의가 없는 경우에는 관례, 국제 협약(체약국이거나 적용 대상인 경우), 소송이 제기된 국가의 국제사법규칙(Private International Law, Conflict of Laws) 등에 따라 정해진다.

II CISG

1. CISG란

정식명칭은 '국제물품매매계약에 관한 국제연합 협약'(United Nations Convention on Contracts for the International Sale of Goods)으로 UNCITRAL(United Nations Commission on International Trade Law; UN국제무역법위원회)의 주도로 마련되었다. 오스트리아의 비엔나(Wien)에서 체결되어 비엔나협약(Vienna Convention), 약어로 UNCCISG 또는 CISG로도 불린다. 1988년에 발효되었으며 우리나라는 2004년에 가입하였다.

주요 무역국들이 가입한 협약으로 체약국 간의 국제물품거래에 있어 통일규범으로 적용된다.

2. CISG의 규율 범위

매매계약의 성립, 매도인과 매수인의 의무, 위험 이전의 원칙, 계약 위반, 계약위반의 구제, 손해배상 등에 대해 다루고 있고 주로 무역계약의 성립과정과 종료과정에 적용되는 규정들을 두고 있다.

Ⅲ 그 밖의 무역계약 관련 법규 등

CISG 이외의 국제무역계약과 관련한 주요 법규로는 다음의 것들이 있다.

1. 영국의 물품매매법(SGA; English Sales of Goods Act)

1893년에 제정된 무역관습의 대표적인 성문법으로 영미법체계의 동산 매매계약의 규율에 있어 핵심적인 법률이다.

2. 미국의 통일 상법전(UCC; Uniform Commercial Code)

1952년 공포된 미국의 계약법이다. 미국의 법체계상 연방(Federal)헌법과 각 주(State)법이 따로 나뉘어 있고 상품매매계약은 주법이 적용되므로 주(State) 간의 거래 안정과 활성화를 위해 제정되었다. 대부분의 주에서 계약의 성립과 이행, 배상 등 광범위한 규정을 담고 있는 UCC Article 2. Sales를 주 상법의 일부로 수용하고 있다.

3. UNIDROIT Principles

국제사법통일을 위한 국제기구인 UNIDROIT(International Institute for the Unification of Private Law: 국제사법연구소)가 1994년 발표한 국제상사계약원칙(PICC: Principles of International Commercial Contract)을 말한다.

구속력 있는 협약이 아닌 국제상사계약에 관한 일반원칙에 대한 것으로 각국의 국내법이나 국제법규의 해석과 보충으로서, 거래당사자에게는 계약의 지침이 되며 각국법원이나 중재기관에서는 국제상사계약에서 발생하는 분쟁의 해결 기준으로 사용할 수 있다.

CISG와 마찬가지로 대륙법과 영미법이 조화된 법체계를 가졌다고 평가된다.

4. ICC 모델(표준)국제매매계약서(ICC MODEL INTERNATIONAL SALE CONTRACT)

ICC(International Chamber of Commerce)가 1997년 제정한 모델 계약서로 CISG와 Incoterms®를 기반으로 한 국제매매에 적용하도록 마련되었다. 법규가 아닌 계약서의 형식을 제시한 것이지만 표준계약서양식의 채택으로 계약자 사이의 이익균형을 도모하는 방법이 될 수 있다는 점에서도 의미를 가진다.

cca.Hackers.com

PART 2

무역거래 조건

Chapter 1 무역거래의 기본 조건

I 품질 조건(Quality Terms)

거래 대상 물품으로 어떤 품질을 거래할 것인지를 결정하여 계약의 물품으로 확정하기 위한 조건이다. 품질결정의 방법, 시기, 품질 검사방법 등이 내용이 된다.

1. 품질결정 조건

(1) 견본매매(Sales by Sample)

미리 결정하여 둔 샘플과 같은 품질의 물품을 거래하는 조건으로 공산품 거래에 주로 사용된다.

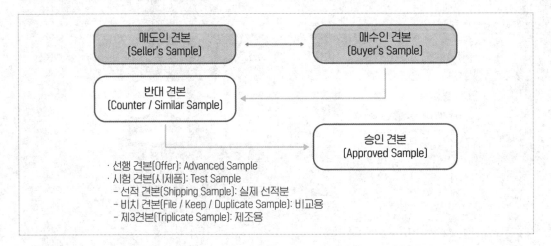

· 선행 견본(Offer): Advanced Sample
· 시험 견본(시제품): Test Sample
  – 선적 견본(Shipping Sample): 실제 선적분
  – 비치 견본(File / Keep / Duplicate Sample): 비교용
  – 제3견본(Triplicate Sample): 제조용

(2) 상표매매(Sales by Trade Mark/Brand)

유명상표 물품의 거래 시 사용하며 해당 상표를 품질기준으로 한다.

(3) 규격매매(Sales By Grade, Specification[8])

해당 업계에서 통용되는 규격(등급)으로 품질을 결정하는 조건으로 ISO 등의 국제기구 규격, 미국 철강협회 규격과 같은 특정국의 규격, 직물 규격 등 해당업계에서 통용되는 규격을 표기하여 사용한다.

(4) 설명서(명세)매매(Sales by Specification, Description)

거래할 상품의 성능, 구조, 규격 등을 명시한 명세서, 사양서(스펙), 설계도 등에 부합하는 물품을 거래하기로 하는 조건이다. 선박, 기계류, 화학제품, 식품류 등 다양한 물품에 사용될 수 있으며 특히, 양산품이 아닌 물품이나 현존하지 않는 물품의 거래 시에 활용된다.

---

8) Specification이 규격매매, 명세서 매매 등에 혼용되어 사용되는 경우가 있으나, 그 품질조건이 의도하는 것은 그 실질적 내용에 따라 판단하여야 한다.

[5] 점검매매(Sales by Inspection)

매수인이 물품을 확인한 후 품질을 결정하는 방법이다. 일반적인 무역거래에서는 어려우나 BWT, COD, 점검매매조건부청약(Offer on Approval) 등에서는 가능한 조건이다.

[6] 표준품매매(Sales by Standard)

주로 농림수산물이나 광물같이 정확한 견본을 제시하기 어려운 1차상품의 거래 시 사용되며 해당 물품의 표준품을 기준으로 하는 품질조건이다.

① FAQ(Fair Average Quality): 평균중등품질 조건

동종 물품 중 중급 품질의 물품을 표준으로 한다. 주로 곡물류의 선물매매에 사용된다.

② GMQ(Good Merchantable Quality): 판매적격품질 조건

품질이 판매하기에 적합한 수준인 물품을 표준으로 한다. 주로 원목, 냉동어류, 원광석 등의 거래에 사용되며, 인도 후에 숨은 하자(잠재하자; Hidden Defects)가 발견된 경우에도 매도인에게 클레임을 제기할 수 있다.

③ USQ(Usual Standard Quality): 보통표준품질 조건

공인 검사기관이나 표준기준에 의해 보통품질로 인정되는 물품을 표준으로 하며 원면거래 등에 이용된다.

2. 품질결정의 시기

품질 조건의 기준이 되는 시기를 수출국의 매도인이 선적하는 시점을 기준으로 할 것인지 수입국의 매수인이 물품을 검사하는 시점 즉, 양륙시점을 기준으로 할 것인지를 결정하는 기준이다.

[1] 곡물거래 시 사용되는 품질결정 시기에 대한 조건

① T.Q.(Tale Quale): 선적 품질기준(Latin어 'of such a kind as', 'as it is'의 의미)

② R.T.(Rye Terms): 양륙 품질기준, 러시아산 호밀거래에서 유래하였다.

③ S.D.(Sea Damaged): 선적 품질기준에 매도인이 해수에 의한 피해만 추가로 부담하는 조건이다.

[2] 선적품질조건(Shipped Quality Terms)

선적시의 품질을 기준으로 하는 조건으로 선적 후 운송과정에서 품질에 이상이 생긴 경우 매도인은 면책되므로 운송 중의 위험은 매수인이 부담하는 조건이다. FAQ, T.Q., S.D.(양륙 시 까지 해수 피해만 부담) 및 Incoterms®의 E, F, C 조건들이 이에 해당한다.

[3] 양륙품질조건(Landed Quality Terms)

도착된 물품의 품질을 기준으로 하므로 운송 중의 위험은 매도인이 부담하는 조건이다. GMQ, R.T.와 Incoterms® D조건들이 양륙품질조건이다.

[4] Incoterms®의 조건들

① E, F, C 조건들: 수출국에서 위험이 이전하므로 선적품질에 해당한다.

② D 조건들: 위험이전 장소가 수입국이므로 양륙품질조건으로 볼 수 있다.

Ⅱ 수량조건(Quantity Terms)

거래 대상물품의 개수(Piece), 중량(Weight), 길이(Length), 용적(Measurement) 등의 결정에 관한 조건이다. 국가와 문화권, 상관습에 따라 단위도 다른 경우가 있으니 반드시 확인해야 하는 조건이다.

1. 수량단위

(1) 개수

① Gross(Great Gross = 12 × 12 × 12, Gross = 12 × 12, Small Gross = 10 × 12)

② Dozen, Piece, Set, Sheet 등의 단위가 사용된다.

(2) 중량

① Ton, Kg, Pound(lb) 등을 사용한다.

ㄱ Gross weight(총중량): 포장 후 무게

ㄴ Net weight(순중량): 외포장을 제외한 무게

ㄷ Net net weight(정미중량): 물품에서 불순물 등을 제외한 무게

② Long ton = British ton = Gross ton = 2,240lb = 1,016kg

③ Metric ton = French ton = Kilo ton = 2,204lb = 1,000kg

④ Short ton = American ton = Net ton = 2,000lb = 907.2kg

⑤ 1Pound(lb) = 16Ounce(oz) = 453g

(3) 길이

Meter, Inch(2.54cm), feet(30.48cm), Yard(91.4cm) 등 단위를 사용한다.

(4) 용적

① 화물의 크기 등: CBM(Cubic Meter; m³), cu.ft.(Cubic Feet; ft³) 등

② 액체: 1Barrel(bbl) = 31.5gallon(원유 1bbl ≒ 42gal)

③ 1gallon(gal; US gallon, wine gallon) = 3.78liter, 1gallon(영국) = 4.54liter

8pints = 4quarts = 1gal

④ 곡물 등: 1bushel(bu) ≒ 35liter

⑤ 용적톤(M/T; Measurement Ton): 주로 해상운임 계산의 기준이 되는 단위

M/T = 1CBM

(5) 포장단위(Package)

Case, Carton, Pallet, Bale, Bag, Barrel, Bundle 등이 사용된다.

(6) 컨테이너

일반적인 컨테이너의 단위는 그 길이(40ft, 20ft)를 기준으로 나눈다.

2TEU(Twenty Feet Equivalent Unit) = 1FEU(Forty Feet Equivalent Unit)

2. 수량결정조건

일반적인 개품(個品)의 경우는 전술한 수량단위 사용에 문제가 없으나, 액체나 곡물, 광물 등의 산물(Bulk)의 경우에는 계약의 수량을 정확히 인도하기 어렵다. 이와 관련한 문제를 해결하기 위하여 다음의 조건들이 사용된다. UCP600 §30

(1) 개산수량조건(Approximate Quantity Term)

신용장에 표시된 수량(금액 및 단가에도 적용 가능)이 'about'이나 'approximately'로 표현되면 해당 수량에 대해 10%의 편차를 허용하는 것으로 본다.

(2) 과부족용인약관(M/L; More or Less Clause)

계약 시 물품 수량에 일정한 한도의 과부족(Tolerance) 범위를 정해두고 그 범위 내에서 물품이 인도되면 계약대로 이행된 것으로 보는 조항

① 신용장 방식의 거래: 신용장 조건에 과부족에 대한 내용을 따로 두거나 금지하지 않은 경우 Bulk화물 (개별물품이나 포장단위로 수량을 기재하지 않은 경우)에 대하여는 신용장 금액의 범위 내에서 5%의 과부족이 인정된다.

② 비신용장 방식의 거래: 당사자 간 합의에 따라 미리 정한 내용이 우선하고, 합의한 것이 없으면 준거법 결정기준에 따라 적용되는 상관습이나 규정에 의한다.

(3) 정산 기준가격의 결정

과부족을 인정하는 경우 해당 과부족 수량에 대한 정산이 필요하므로 정산에 적용할 가격(계약서의 가격, 선적 시 가격, 도착 시 가격 등)을 미리 결정하여 두는 것이 바람직하다.

3. 수량의 결정 시기

품질결정 시기와 마찬가지로 선적수량조건(Shipped Quantity Terms)과 양륙수량조건(Landed Quantity Terms)으로 나눌 수 있으며 당사자 간 합의에 의해 결정 시기를 결정하고, 합의한 것이 없으면 Incoterms® 등의 거래조건으로 시기를 판단한다.

4. 수량의 증명

당사자 간 승인한 검사기관이나 공인검량인(Sworn Public Weigher)으로부터 발급받은 중량증명서(Certificate of Weight) 등을 기준으로 하며 선적수량조건인 경우에는 선적 시에, 양륙수량조건인 경우에는 인도 후 약정한 기간 내에 검사하도록 한다.

Ⅲ 가격조건(Price Terms)

가격조건은 거래가격에 순수한 물품의 가격 이외의 거래에 수반되는 운송 등의 비용에 대한 부담의 주체에 관한 내용이다. 이는 Incoterms®와 같은 정형거래조건과 밀접한 내용이며 Chapter 2와 3에서 자세히 다루기로 한다.

1. 매매가격의 구성요소(예시)

가격조건 (정형거래조건)	분류	가격구성요소
EXW	제조원가 / 이익 및 출고비용	• 제조원가(Manufacturing Cost) • 이익(Profit) • 포장비(Packaging Charge) • 검사비(Checking/Inspection Fee) • 검량비용(Measuring/Weighing Charge)
FOB	수출절차 등	• 수출허가 등 공적 절차 이행 비용 (Export License and other Authorization Fee) • 수출통관비용(Customs Clearance Fee)
FOB	내륙운송 및 선적비용	• 내륙운송 및 보험료(Transport Charge & Insurance) • 항만처리비용, 부두사용료, 창고료, 선적비용, 서류발급비 (THC, Wharfage, Storage, Shipping Charge, Document Fee)
CIF	해상 운임 및 보험료	• 해상운임(Ocean Freight) • 해상보험료(Marine Insurance Premium)
DDP	수입국 내륙운송비	• 항만처리비용, 부두사용료, 창고료, 양륙비용, 서류발급비 (THC, Wharfage, Storage, Unloading Cost, Document Fee) • 내륙운송 및 보험료(Transport Charge & Insurance)
DDP	수입통관비용	• 수입허가 등 공적 절차 이행비용 (Import License and other Authorization Fee) • 수입통관비용(Customs Clearance Fee) • 제세(Duties & Taxes)

2. 거래통화(Currency)

가격기준과 지급에 사용될 통화 단위를 명확히 하며, 해당 통화의 안정성(Stability), 교환성(Convertibility), 유동성(Liquidity) 등을 고려하여 환위험에 대비하여야 한다.

주요 통화의 표시로는 USD(US$), EUR(€), GBP(Great Britain Pound: £), JPY(Japan Yen: ¥), CNY (Chinese Yuan: 元, ¥) 등이 있다.

Ⅳ 결제조건(Payment Terms)

결제조건은 거래대금의 지불방식에 대한 조건으로 결제시기는 선불인지 후불인지 결제시기와 결제수단으로 송금할지 환어음을 발행하고 추심방식을 이용할지 신용장을 개설할지 등의 조건을 말한다. 결제조건에 대해서는 'Part 4 무역대금의 결제'에서 자세히 다룬다.

V 선적조건(Shipping Terms)

선적조건은 매도인이 물품을 인도하는 시기, 장소와 방법 등에 관한 조건이다. 선적의 의미는 해상운송의 본선상 적재(On Board)뿐 아니라 발송(Dispatch), 운송을 위한 인수(Accepting for Carriage), 수탁(Taking in Carriage), 우편발송의 수령(Post Receipt) 등 개념을 포함하는 것으로 이해해야 한다.

1. 선적시기

(1) 특정조건(Specific Terms)

선적시기를 날짜나 기일로 특정하여 약정하는 조건이다.

① 선적 월 등의 지정: 'Shipment in May'와 같이 선적 월을 지정하거나 'from May to June shipment (May/June)'와 같이 5월과 6월 안에 선적하도록 지정할 수도 있다.

② 특정 일자나 특정 기간 지정: 'Shipment on 15, August'와 같이 특정 일자를 지정하는 경우 선적할 수 있는 기간이 매우 짧고 해당 선적일에 선편이 없는 경우도 있으므로 특정 일자를 지정하기보다는 기간을 지정하는 경우가 대부분이다.

  ㉠ 특정 기간 지정: 'Shipment from 15, August to 25, August'와 같이 날짜로 기간을 지정하는 경우
  ㉡ 전/후반, 초/중/하순 등의 지정: 특정 월의 'First half(1 ~ 15일), Second half(16 ~ 말일)'로 약정하거나 'Beginning(초순, 1 ~ 10일), Middle(중순, 11 ~ 20일), End(하순, 21 ~ 말일) of August'와 같이 지정하는 경우
  ㉢ 최종선적일 지정: 'Shipment before 15, Aug'와 같이 선적의 최종일을 지정하는 경우
  ㉣ 특정일 이후 기간 지정: 'Shipment within 20 days after receipt of L/C'와 같이 특정일 이후의 기간을 지정하는 방법

(2) 즉시선적조건(Immediate Shipment Terms)

특정한 선적기준 날짜나 기한 없이 즉시 선적하도록 하는 "Immediate, Prompt, Quickly, As soon as possible" 등의 표현은 해석의 문제로 분쟁이 발생할 수 있으므로 사용하지 않는 것이 좋다.

(3) UCP 600(신용장통일규칙)상의 기간 및 일자의 해석 §3

① 즉시선적 표현의 무시: 계약 등에서 사용하도록 요구되지 않은 이상 "prompt", "immediately"나 "as soon as possible"과 같은 표현은 무시된다.

② 'On or About': 지정일 전후 5일의 기간을 의미하며 시작일과 말일을 포함한다.
  즉, 'Shipment to be made on or about 15, May'의 경우 15일을 기준으로 10 ~ 20일(11일간)이 선적기간이 된다.

③ 언급 일자의 포함: "from", "to", "until", "till", "between"이 선적기간을 정하기 위하여 사용된 경우는 해당 일을 포함한다.

④ 언급 일자의 제외: "after", "before"가 사용된 경우와 "from", "after"가 만기일(Maturity Date)을 정하기 위하여 사용된 경우에는 해당 일을 제외한다.

⑤ "first half", "second half" of a month: 각 해당 월의 1일부터 15일까지, 16일부터 해당 월의 마지막 날까지 모든 날을 포함하는 것으로 해석한다.

⑥ "beginning", "middle", "end" of a month: 각 해당 월의 1일부터 10일, 11일부터 20일, 21일부터 해당 월의 마지막 날까지 모든 날을 포함하는 것으로 해석한다.

2. 분할선적(Partial shipment)과 할부선적(Installment Shipment)

(1) 의미

거래대상 물품을 하나의 운송수단으로 운송하지 않고 나누어 선적하는 것을 분할선적이라 하고, 당사자간 계약에 의해 일정 기간 동안 일정 분량을 순차적으로 선적하는 것을 할부선적이라 한다.

분할선적의 경우, 매수인의 입장에서 물품을 정시에 입수할 수 없거나 복수의 운송서류를 처리해야 하는 등 문제가 생길 수 있고, 매도인은 대금 수령을 위한 신용장 조건의 충족 등에 문제가 생길 수 있으므로 허용 또는 금지 여부를 미리 합의하여 두는 것이 바람직하다.

(2) UCP 600의 규정

① 분할선적 §31

　㉠ 신용장 조건상 금지의 조항이 없는 한, 원칙적으로 분할 선적은 허용된다.

　㉡ 복수의 운송 서류가 제시되더라도, 같은 운송수단에서 시작되어 같은 운송구간을 증명하고 같은 목적지를 표시하는 경우(같은 운송수단으로 운송된 경우)에는 각각 다른 선적일자, 선적항, 수탁지, 발송지가 표시되어 있더라도 분할선적으로 보지 않으며 해당 운송서류 중 가장 늦은 선적일을 선적일로 본다.

　㉢ 그러나 같은 운송방법에 의한 운송이더라도 둘 이상의 운송수단상에 선적된 것을 증명하는 서류가 제시된 경우에는 같은 날짜에 같은 목적지로 향하더라도 분할선적으로 본다.

　㉣ 같은 장소와 날짜에 같은 특송업자의 특송배달영수증(Courier Receipt), 우체국의 우편영수증 또는 우송확인서(Post Receipt, Certificate)가 같은 목적지로 스탬프 되거나 서명된 경우에는 분할선적으로 보지 않는다.

② 할부선적 §32: 신용장에 명시된 할부선적의 기간 내에(계약된) 할부선적분이 이행되지 않으면 동 신용장의 해당 할부부분과 이후의 할부부분은 사용할 수 없다.

3. 직항선적(Direct shipment)과 환적(Transhipment)

(1) 의미

선적지에서 목적지까지 바로 이동하는 것을 직항이라 하고, 운송 중 다른 기착지나 항구에서 다른 운송수단으로 물품을 옮겨 싣는 것을 환적이라 한다.

환적 시에는 물품의 손상위험이 있으므로 환적금지(Transhipment Prohibited) 조건을 명시하는 경우도 있으나 컨테이너 운송의 경우 등에는 상대적으로 위험이 적다.

(2) UCP 600의 규정 §20

① 하나의 동일한 선하증권이 전체의 운송을 포괄하고 있다면, 환적될 것 또는 될 수 있음(transhipment will or may take place)을 표시할 수 있다.

② 물품이 컨테이너, 트레일러, LASH[9] barge에 선적되었다는 것이 선하증권으로 증명되는 경우에는 신용장이 환적을 금지하더라도 수리된다. 선하증권에 운송인이 환적할 권리를 가지고 있음을 기재한 내용은 무시된다.

---

9) Lighter Aboard Ship의 약자로 컨테이너 등 화물의 하역을 더 쉽게 하도록 고안된 운송(보조)수단이다.

4. 선적일(Date of Shipment)과 선적지연(Delayed Shipment)

(1) 선적일의 증명

매도인이 약정한 선적일 이전에 선적하였음을 증명하는 방법을 계약에서 명확히 하는 것이 중요하다. 일반적으로 운송서류의 선적일을 기준으로 한다.

UCP 600에서는 실제 선적일에 대한 부기(Notation)가 없는 경우에는 운송서류의 발행일을 기준으로 하며, 본선 적재표기나 실제 선적일에 대한 부기가 있는 경우에는 해당 부기의 본선 적재일을 선적일로 본다.

(2) 선적지연

매도인이 약정한 선적일을 경과한 경우를 말하는데, 매도인의 고의·과실에 의한 경우에는 계약위반으로 매수인이 계약해제권 등을 행사할 수 있다.

선적지연이 매도인의 통제를 넘어선 불가항력(Force Majeure)의 사유로 인한 것임을 매도인이 입증하는 경우에는 선적기일을 연장 받거나 책임으로부터 면책이 가능하다.

VI 포장조건(Packing Terms)

무역거래의 대상물품은 대부분 장거리 운송이 필요하므로 예상되는 운송방법에 적합하게 포장되어야 한다.

1. 포장조건

포장방법을 결정할 때에는 포장의 주목적인 물품의 보호와 운송의 경제성을 모두 고려하여야 한다.

계약상에 구체적인 포장의 방법이나 화인(Shipping Mark)의 표시에 대하여 합의하여 두는 것이 좋다. 합의한 것이 없는 때에는 해당 물품에 해당되는 통상적인 방법으로, 그러한 통상적 방법이 없는 때에는 물품을 보존하고 보호하기에 알맞은 방법으로 포장하여야 한다. 단, 매수인이 계약 체결 시에 포장과 관련한 부적합을 알았거나 모를 수 없었던 경우에 매도인은 부적합에 대한 책임을 지지 않는다. CISG §35

물품의 일치성 CISG §35

(1) The seller must deliver goods which are of the quantity, quality and description required by the contract and which are contained or packaged in the manner required by the contract.

(2)-d. Except where the parties have agreed otherwise, the goods do not conform with the contract unless they are contained or packaged in the manner usual for such goods or, where there is no such manner, in a manner adequate to preserve and protect the goods.

(3) The seller is not liable of the preceding paragraph for any lack of conformity of the goods if at the time of the conclusion of the contract the buyer knew or could not have been unaware of suchlack of conformity

(1) 매도인은 계약에서 정한 수량, 품질 및 종류에 적합하고, 계약에서 정한 방법으로 용기에 담거나 포장된 물품을 인도하여야 한다.

(2)-d. 당사자가 달리 합의한 경우를 제외하고, 그러한 물품에 대하여 통상의 방법으로, 통상의 방법이 없는 경우에는 그 물품을 보존하고 보호하는 데 적절한 방법으로 용기에 담거나 포장되어 있지 아니한 경우 물품은 계약에 적합하지 아니한 것으로 한다.

(3) 매수인이 계약 체결 시에 물품의 부적합을 알았거나 또는 모를 수 없었던 경우에는 매도인은 그 부적합에 대하여 제(2)항에 따른 책임을 지지 아니한다.

---

2. 포장의 종류

(1) 개장(Unitary Packing)
물품의 최소판매 단위의 개별포장을 말한다.

(2) 내장(Inner Packing)
개장품을 일정 단위로 포장한 것을 말한다. 개장과 내장은 고유의 디자인의 포장재를 사용하기도 한다.

(3) 외장(Outer Packing)
운송, 하역, 보관 등의 과정에서 물품을 보호하고 도난을 방지하며 하역이 편리하도록 한 최종 포장을 말한다. 주로 Wooden Case, Carton, Drum 등이 사용된다.

3. 화인(Shipping Mark, Cargo Mark)

(1) 화인이란
화물을 식별하고 운송 및 보관시 필요한 화물 취급상의 지시사항이나 주의사항 등을 외장에 표시한 것으로 매수인이 매도인에게 특정 화인을 제시하며 표시할 것을 요청하는 경우가 많다. 화인이 되어 있지 않은 화물을 무인화물(NM; No Mark Cargo)라고 하며 운송 중 분실이나 하역 작업시 누락 등 운송사고가 발생할 확률이 높다.

(2) 화인의 표시사항
① 주화인(Main Mark): 삼각형, 마름모 등의 특정 기호 안에 매수인의 상호, 약자 등을 표시한 것

② 부화인(Counter Mark): Main Mark를 보조하여 생산자 또는 공급자의 약자 등을 표시한 것

③ 상자번호(Case Number): 상업송장(Invoice)이나 포장명세서(P/L; Packing List) 등에 표시한 일련번호 등을 기재한 것

④ 도착항표시(Port Mark): 화물의 운송시 실수를 예방하기 위해 목적지를 표기한 것

⑤ 중량표시(Weight Mark): 하역작업, 운임계산 등에 참고하기 위해 총중량(Gross Weight) 등을 표시한 것

⑥ 원산지표시(Origin Mark): 생산국을 외장에 표시하기도 한다.

⑦ 주의표시(Care Mark, Side Mark, Caution Mark): 취급상 주의가 필요한 경우 This Side Up, Fragile, Keep Dry 등 해당 내용을 표기하는 것

⑧ 기타 표시: 매수인의 요청이나 생산자의 필요에 따라 주문서 No., Order No., 생산 Lot No., 품질등급(Grade) 등을 추가로 표시하기도 한다.

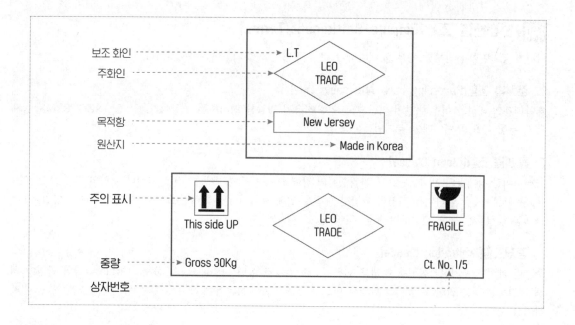

보조 화인	L.T
주화인	LEO TRADE
목적항	New Jersey
원산지	Made in Korea
주의 표시	This side UP / LEO TRADE / FRAGILE
중량	Gross 30Kg
상자번호	Ct. No. 1/5

Ⅶ 보험조건(Insurance Terms)

1. 보험부보의 이유

무역거래에는 장거리 운송이 필요한 경우가 많으므로 운송 중의 물품 멸실, 손상, 도난 등의 위험에 대비하여 적하보험(Cargo Insurance)을 부보하는 것이 필요하며 이러한 보험계약의 부보를 위한 주체와 보험계약의 내용을 미리 약정하는 것이 보험조건이다.

2. 보험부보 의무

일반적으로 보험부보 여부는 계약 또는 Incoterms®와 같은 정형거래 조건상 해당 위험을 부담하는 자가 결정한다. 운송 중의 위험을 자신이 부담하는 경우 보험을 부보하지 않아도 계약상의 의무위반과는 관계없지만 Incoterms®의 CIF, CIP에서는 매도인이 매수인을 위하여 보험을 부보하도록 하고 있으므로 매도인이 계약에서 정한 방법에 따라 보험계약을 체결하여야 한다.

3. 보험 관련 용어

(1) 보험자(Insurer, Assurer, Underwriter; 보험회사)는 보험계약자(Policy Holder)에게서 보험료(Premium)를 받고 보험계약을 체결한 후 보험계약에 담보된 위험으로 손해가 발생하면 피보험자(Insured, Assured)에게 약정된 보험금(Claim)을 지급한다.

(2) 보험사고 발생 시 피보험자에게 발생하는 손해액의 최고한도를 보험가액(Insurable Value), 보험사고 시 보험자가 부담하는 보상책임의 최고한도를 보험금액(Insured Amount)이라고 한다.

4. 보험계약의 조건

(1) 보험금액

Invoice 금액(CIF기준)의 110%로 보험금액을 결정하는 것이 보통이다.

(2) 담보위험의 범위

해상적하보험에는 기본적으로 ICC(C)(Institute Cargo Clause; 협회적하약관)이 적용되며 보상범위와 조건, 보험료 등을 고려하여 보험조건을 선택한다.

Ⅷ 분쟁해결 조건(Dispute Settlement Terms)

당사자 간 분쟁이 발생할 경우를 대비하여 그 해결방안을 합의하여 두는 것이다.

1. 준거법 조항(Governing Law, Applicable Law)

계약내용의 해석과 이행 여부의 판단 기준으로 적용될 법규를 명시하는 조항이다. CISG, INCOTERMS, 중재규칙 등이 주요 무역거래의 준거법들이다.

2. 클레임 조항(Claim Clause)

클레임이란 상대방의 계약위반으로 권리행사의 장애 또는 손해가 발생한 경우 권리나 이익의 구제 또는 배상을 청구하는 것을 말하며 클레임의 원만한 해결을 위해 계약서상의 클레임 조항에 클레임의 제기 방법, 기간, 클레임 해결방안 등을 결정하여 두는 것이 필요하다.

3. 중재조항(Arbitration Clause)

중재란 계약 당사자 간 발생한 분쟁을 법원의 재판절차가 아닌 사인(私人)인 중재인(Arbitrator)의 판정에 의해 해결하는 것을 말한다. 중재의 합의는 반드시 서면으로 작성되어야 하며 중재지, 중재인, 준거법 등을 기재하여야 한다.

4. 재판관할조항(Jurisdiction Clause)

중재합의가 없는 경우 법원에 소를 제기하여 재판에 의해 분쟁을 해결해야 하는데, 재판관할 즉, 어느 국가의 법원을 관할법원으로 할 것인지를 합의하는 조항이다.

5. 불가항력 조항(Force Majeure Clause)

불가항력 조항은 전쟁, 천재지변 등 당사자 어느 일방의 의지나 통제의 범위를 벗어난 상황으로 인해 계약조건의 이행이 어렵거나 불가능한 경우 일정 기간의 면책기간을 두어 이행기간을 연장하거나 장기간 장애가 지속되는 경우 계약이 해제되도록 하는 합의 조항이다. 불가항력이 남용되지 않도록 불가항력 사유와 존재의 입증 등이 요구된다.

📋 **더 알아보기**

불가항력과 구별되는 개념

(1) Hardship(이행곤란, 이행가혹)

계약 체결 시에 예상할 수 없었던 정치적 또는 경제적 사정 변화로 인해 계약의 이행이 불가능하지는 않으나 현저히 곤란한 경우를 말한다. 그 자체로 의무가 변제된다거나 면책되는 것은 아니지만 Hardship에 처한 일방에게 계약이행을 강제하는 것은 신의칙상 형평에 어긋나므로 계약조건을 변경할 수 있도록 하는 등의 조치에 대해 미리 합의하여 두는 조항을 말한다.

(2) Frustration(이행불능)

계약의 성립시점에 이미 이행이 불가능한 계약(원시적 불능)과 계약체결 이후의 당사자의 고의나 과실에 의하지 않은 사유로 이행이 불가능한 계약(후발적 불능)으로 나눈다. 특정물의 멸실, 전쟁, 후발적 위법, 사정의 근본적 변경 등이 후발적 불능의 사유가 된다. 원시적 이행불능은 계약이 무효이며, 이행불능으로 인하여 계약은 계약 시로 소급하여 소멸한다.

IX 기타 주요 계약조항

엄밀하게는 거래와 관련된 조건(Terms)은 아니지만 계약상 명확히 해 두어야 할 사항들로 주로 일반거래조건협정서상의 여러 조항으로 표현되는 경우가 많다.

1. 완전합의 조항(Entire Agreement Clause)

완전합의 조항이 포함된 계약서가 당사자 간 합의 사항 모두를 담고 있으며 이전의 합의나 서면 등은 효력이 없다는 것을 규정하는 조항으로 최종 합의 내용을 결정하기까지 여러 단계를 거친 경우 등에 사용된다. 또한 계약 내용의 변경은 당사자 간 합의에 의한 서면으로 이루어져야 한다는 내용도 포함된다. 반면에 당사자 간에 합의한 사항이지만 해당 계약서에 기재되지 않은 사항은 제외되므로 계약서 작성 시 누락된 사항이 없는지 면밀히 검토해야 한다.

2. 권리침해 조항(Infringement Clause)

당사자 일방이 제3자의 I.P.(Industrial Property, Intellectual Property) 즉, 특허, 디자인, 상표 등 관련 권리로부터 자유로운 물품을 공급하여야 한다거나, 일방이 그러한 물품을 주문하거나 공급한 경우 이에 응한 상대방은 면책된다는 등 I.P. 관련 분쟁에 대한 책임소재에 대한 내용을 합의하는 조항이다.

3. 권리 불포기 조항(Non-Waiver Clause)

계약에 보장된 어떤 권리행사를 하지 않았다고 해당 권리를 포기하는 것은 아니라는 규정이다. 상대방에 대한 관용을 베푼 일방이 이후 권리행사에 문제가 생기는 것을 방지하기 위한 조항이다.

4. 증가비용/우발비용/신축 조항(Escalation, Contingent Cost Clause)

계약시점에는 예측하기 어려운 비용이 발생하는 경우 부담 방법과 부담자를 결정하여 두는 조항이다.

5. 계약양도 조항(Assignment Clause)

일방이 계약을 제3자에게 양도하는 것을 허용할지에 대한 조항이다.

6. 수정/변경 조항(Modification/Amendment Clause)

계약 내용의 수정/변경 방법에 대한 조항이다.

7. 계약분리/가분 조항(Severability Clause)

계약의 조항들은 서로 유효성에 영향을 주지 않고 독립되어 있음을 규정하는 것으로 일부 내용이 문제가 된 계약은 해당 내용을 제외한 나머지 부분은 유효하게 유지하게 하는 규정이다.

8. 비밀유지 조항(Confidentiality/Non-disclosure Clause)

당사자 간 비밀유지와 그 방법 등에 대한 조항이다.

9. 약정손해배상금/손해배상액예정 조항(Liquidated Damages)

선적기일 등 특정 불이행에 대하여 일정액 또는 비율의 배상금을 미리 정하여 두고 불이행 발생 시 클레임 제기를 하지 않고 정해진 손해배상금을 지급하여 해결하기로 하는 조항이다.

Chapter 2 정형거래 조건

I 정형거래 조건(Trade Terms)

정형거래 조건이란 무역거래에서 각 당사자가 부담하는 의무들을 정형화한 계약조건을 말한다. 이는 오랫동안의 무역거래를 통해 상인들 사이에서 관용적으로 사용되던 관습들이 체계적으로 정리된 것으로 이해할 수 있다.

II 정형거래 조건의 효용

1. 계약체결 용이
계약을 체결할 때마다 가격조건, 운송조건 등을 일일이 합의해야 한다면 매우 불편하고 혼란스러울 것이다. 해당 거래에 적합한 정형거래 조건을 채택하면 계약체결이 용이하며 시간과 비용을 단축시킬 수 있다.

2. 분쟁의 방지
정형거래 조건을 사용하면 각 당사자의 의무와 비용의 부담 등의 기준에 대한 해석이 통일되어 국가별·업종별의 상관습이 달라 발생하는 문제들을 해결할 수 있다.

3. 계약내용의 보완기능
특정 정형거래 조건의 채택으로 계약상 명시적이지 않은 부분에 대한 당사자들의 계약상 의도 등을 유추할 수 있어 계약 내용의 해석에 도움을 준다.

III 정형거래 조건의 종류

1. INCOTERMS®(ICC Rules for the use of Domestic and International Trade Terms)
ICC(International Chamber of Commerce: 국제상업회의소)가 제정한 정형거래 조건으로 가장 널리 사용된다.

2. CIF에 관한 와르소 – 옥스퍼드 규칙(Warsaw–Oxford Rules for CIF Contract 1932)
ILA(International Law Association: 국제법 협회)에서 제정하였으며 CIF에 관한 문제를 명확하게 규정하였다.

3. 개정미국무역정의(RAFTD: Revised American Foreign Trade Definition)
전미무역회의에서 1919년에 제정한 India House Rules를 1941년, 1990년에 개정한 것으로 Ex, FOB(6가지), FAS, C&F, CIF 등의 조건들로 구성되어 있다.

4. 미국 통일상법전(Uniform Commercial Code)
미국 UCC상 정형거래 조건을 법제화하였다.

IV 정형거래 조건의 구성

정형거래 조건은 매도인과 매수인의 의무에 대하여, 특히 매도인의 물품 인도(Delivery)의무를 중심으로 한 위험과 비용의 분기점을 주 내용으로 한다.

매도인과 매수인의 구체적 의무와 함께, 위험부담의 주체가 변경되는 시점인 '위험의 분기점'과 비용의 부담 주체를 구분하는 시점인 '비용의 분기점'을 명시하여 놓은 것이 핵심이다.

INCOTERMS®

I Incoterms®란

Incoterms®는 International Commercial Terms의 약칭으로, ICC(International Chamber of Commerce: 국제상업회의소)에서 1936년에 제정한 정형거래 조건에 대한 해석규칙이다. 국가별, 지역별로 상이할 수 있는 정형거래 조건의 해석을 국제적으로 통일하고자 마련되었으며 현재 가장 보편적인 정형거래 조건의 기준으로 사용되고 있다. 1953년 1차, 1967년 2차, 1976년 3차, 1980년 4차, 1990년 5차, 2000년 6차, 2010년 7차에 이어 2020년 8차 개정 'ICC Rules for the use of Domestic and International Trade Terms, Incoterms® 2020'이 최신이다.

II Incoterms® 2020의 구조(목차)

• 소개문(Introduction)

Ⅰ. What the Incoterms® rules do

Ⅱ. What the Incoterms® rules do not do

Ⅲ. How best to incorporate the Incoterms® rules

Ⅳ. Delivery, risk and cost in the Incoterms® rules

Ⅴ. Incoterms® 2020 rules and the carrier

Ⅵ. Rules for the contract of sale and their relationship to other contract

Ⅶ. The 11 Incoterms® 2020 rules - 'Sea and inland waterway' and 'any mode(s) of Transport': getting it right

Ⅷ. Order within the Incoterms® 2020 rules

Ⅸ. Differences between Incoterms® 2010 and 2020

Ⅹ. Caution with variants of Incoterms® rules

• 모든 운송수단에 사용 가능한 규칙들

EXW, FCA, CPT, CIP, DAT, DAP, DDP

• 해상 및 내수로 운송을 위한 규칙들

FAS, FOB, CFR, CIF

[각 조건별]
- 사용자를 위한 설명문(Explanatory notes for users)
- 매도인의 의무와 매수인의 의무

A: THE SELLER'S OBLIGATIONS 매도인의 의무	B: THE BUYER'S OBLIGATIONS 매수인의 의무
A1 General obligation 매도인의 일반 의무	B1 General obligation 매수인의 일반 의무
A2 Delivery 인도	B2 Taking delivery 인도의 수령
A3 Transfer of risks 위험의 이전	B3 Transfer of risks 위험의 이전
A4 Carriage 운송	B4 Carriage 운송
A5 Insurance 보험	B5 Insurance 보험
A6 Delivery/Transport Document 인도/운송서류	B6 Proof of delivery 인도의 증거
A7 Export/Import Clearance 수출/수입통관	B7 Export/Import Clearance 수출/수입통관
A8 Checking/packaging/marking 점검/포장/화인표시	B8 Checking/packaging/marking 점검/포장/화인표시
A9 Allocation of costs 비용분담	B9 Allocation of costs 비용분담
A10 Notices 통지	B10 Notices 통지

Ⅲ Incoterms® 2020 조건별 개요

각 조건별 사용지침(Guidance note) 내용을 중심으로 요약해 본다.

1. 운송방법에 관계없이 사용하는 조건들: EXW, FCA, CPT, CIP, DAT, DAP, DDP

(1) EXW(named place of delivery 지정 인도장소), EX Works(공장 인도)

① 개요: 물품을 매도인의 영업소에서 매수인의 처분에 둔 때 인도된다.

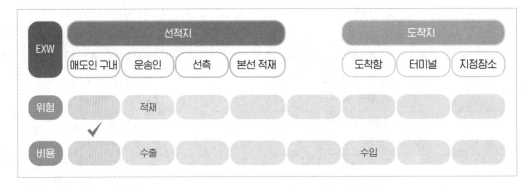

② 인도(Delivery): 물품을 매도인의 영업소 또는 다른 지정 장소(작업장, 공장, 창고 등)에서 매수인의 처분에 두어 인도한다.

  ㉠ 통관(Customs Clearance): 매도인은 수출 또는 수입 통관의 의무가 없다.

  ㉡ 적재와 양하(Loading & Unloading): 매도인은 적재의무 없다.

  ㉢ 특징(Remarks)

    ⓐ 매도인의 최소의무 조건이다.

    ⓑ 매도인이 적재에 더 용이한 상황이더라도 적재의무가 없다. 만약, 매도인이 적재하더라도 매수인의 위험과 비용으로 하는 것이다. 매도인의 적재가 바람직한 경우에는 통상적으로 FCA가 더 적절하다.

    ⓒ 매도인은 물품의 수출통관의무가 없으며, 수출과 관련된 비용은 매수인이 부담한다.

    ⓓ 매수인의 수출통관 이행이 어렵다면 EXW를 사용하지 않을 것이 권고된다.

    ⓔ EXW는 국내거래에 더 적합하며 국제거래에는 일반적으로 FCA가 더 적합하다.

(2) FCA(named place of delivery, 지정 인도장소), Free Carrier(운송인 인도)

① 개요: 매도인이 선적지의 지정 장소에서 매수인이 지명한 운송인에게 인도한다.

② 인도(Delivery): 매도인의 영업소에서 인도하는 경우에는 매수인이 제공한 운송수단에 적재된 때에, 이외의 장소인 경우에는 매수인이 지명한 운송인이나 제3자(another Person)의 처분에 두어 인도한다. 또한 그렇게 인도된 물품을 조달하여 인도할 수 있다.

③ 운송계약(Contract of Carriage): 매수인이 자신의 비용으로 물품을 인도장소로부터 운송하는 계약을 체결하여야 한다. 합의가 있는 경우 매도인은 매수인의 위험과 비용으로 통상적인 조건으로 운송계약을 체결한다.

④ 통관(Customs Clearance): 매도인이 수출절차 및 비용을 부담하고 수입절차 및 비용은 매수인이 부담한다.

⑤ 적재와 양하(Loading & Unloading): 인도장소가 매도인의 영업소인 경우 매도인이 적재의무를 지며, 이외의 장소인 경우에는 양하준비가 완료된 상태에서 인도한다.

⑥ 특징(Remarks): 인도가 완료될 때까지의 위험과 비용을 매도인이 부담하므로 그 장소를 명확히 하는 것이 중요하다. 정확한 인도지점이 지정되지 않는 경우 매도인이 그 목적에 가장 적합한 지점을 선택할 수 있다.

[3] CPT(named place of destination, 지정 목적지), Carriage Paid To(운송비 지급)

① 개요: 매도인이 지정 목적지까지 운송계약을 체결하고 운송비를 지급한다. 인도는 선적지에서 운송인에게 물품을 인계한 때 이루어진다.

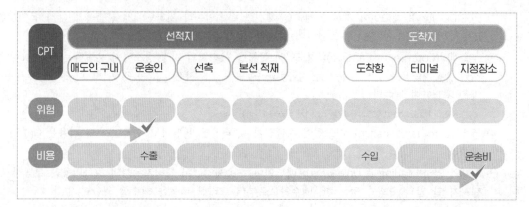

② 인도(Delivery): 매도인이 자신과 계약을 체결한 운송인이나 기타인에게 물품을 인계(Handing over)하여 인도한다. 또한 그렇게 인도된 물품을 조달하여 인도할 수 있다.

③ 운송계약(Contract of Carriage): 매도인이 물품을 목적지의 지정 장소까지 운송하는 데 필요한 통상적인 운송계약을 체결하고 운임을 지급하여야 한다. 합의된 인도지점이 있는 경우, 그 인도지점부터 운송계약을 체결하여야 한다.
※ 인도지점이 아니라 운송계약의 목적지를 표시함에 유의하여야 한다.

④ 통관(Customs Clearance): 매도인이 수출절차 및 비용을 부담하고 수입절차 및 비용은 매수인이 부담한다.

⑤ 적재와 양하(Loading & Unloading): 매도인이 운송계약에서 목적지에서의 양하비용을 부담한 경우, 당사자 간 달리 합의가 없는 한 매수인으로부터 그러한 비용을 회수할 권한이 없다.

⑥ 특징(Remarks): C조건들(CPT, CIP, CFR, CIF)은 위험의 이전과 비용의 분기가 다른 장소에서 이루어지므로 2개의 분기점을 가진다. 인도지점에 대한 합의가 없는 경우, 기본적으로 매도인이 선택한 지점에서 매도인이 계약을 체결한 첫 번째 운송인(복수의 운송인이 관여된 경우)에게 물품이 인도된 때에 위험이 이전된다. 즉, 기본적으로 인도지점은 매도인이 결정하게 되므로 위험이 특정 항구나 공항같은 곳에서 이전되기를 원하는 경우 계약에 이를 명시하여야 한다.

[4] CIP(named place of destination, 지정 목적지), Carriage and Insurance Paid to(운송비 보험료 지급)

① **개요:** 매도인이 지정 목적지까지 운송계약을 체결하고 운송비를 지급하며, 매수인을 위해 보험을 부보하여야 한다. 인도는 선적지에서 운송인에게 물품을 인계한 때 이루어진다.

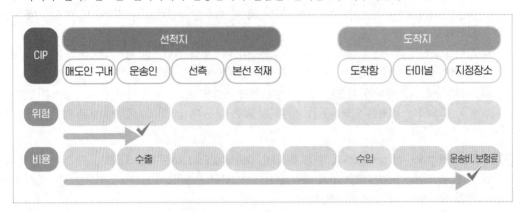

② **인도(Delivery):** 매도인이 자신과 계약을 체결한 운송인이나 기타인에게 물품을 인계하여 인도한다. 또한 그렇게 인도된 물품을 조달하여 인도할 수 있다.

③ **운송계약(Contract of Carriage):** 매도인이 물품을 목적지의 지정 장소까지 운송하는 데 필요한 통상적인 운송계약을 체결하고 운임을 지급한다. 합의된 인도지점이 있는 경우, 그 인도지점부터 운송계약을 체결하여야 한다.
※ 인도지점이 아니라 운송계약의 목적지를 표시함에 유의하여야 한다.

④ **통관(Customs Clearance):** 매도인이 수출절차 및 비용을 부담하고 수입절차 및 비용은 매수인이 부담한다.

⑤ **적재와 양하(Loading & Unloading):** 매도인이 운송계약에서 목적지에서의 양하비용을 부담한 경우, 당사자 간 달리 합의가 없는 한, 매수인으로부터 그러한 비용을 회수할 권한이 없다.

⑥ **보험(Insurance):** 매도인은 자신의 비용으로 매수인이 부담하는 운송 중 물품의 멸실 또는 손상의 위험을 담보하는 보험을 부보한다. 매도인은 ICC(A)의 광범위한 담보조건으로 부보하여야 하는데, 더 낮은 수준의 담보조건으로 부보하기로 합의할 수 있다.

⑦ **특징(Remarks):** C조건들(CPT, CIP, CFR, CIF)은 위험의 이전과 비용의 분기가 다른 장소에서 이루어지므로 2개의 분기점을 가진다. 인도지점에 대한 합의가 없는 경우, 매도인이 선택한 지점에서 매도인이 계약을 체결한 첫 번째 운송인(복수의 운송인이 관여된 경우)에게 물품이 인도된 때에 위험이 이전된다. 즉, 기본적으로 인도지점은 매도인이 결정하게 되므로 위험이 특정 항구나 공항 같은 곳에서 이전되기를 원하는 경우 계약에 이를 명시하여야 한다.

[5] DAP(named place of destination, 지정 도착지), Delivered At Place(도착지 인도)
  ① 개요: 목적지(도착지)의 지정 장소에서 물품이 매수인의 처분에 두어 인도한다.

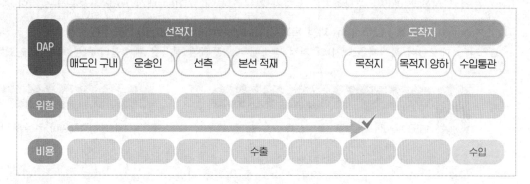

  ② 인도(Delivery): 목적지의 지정 장소에서 물품을 양하준비된 상태로 매수인의 처분에 두어 인도한다. 또한 그렇게 인도된 물품을 조달하여 인도할 수 있다.
  ③ 운송계약(Contract of Carriage): 매도인이 계약에 적합한 운송 계약을 체결하여야 한다.
  ④ 통관(Customs Clearance): 매도인이 수출절차 및 비용을 부담하고 수입절차 및 비용은 매수인이 부담한다.
  ⑤ 적재와 양하(Loading & Unloading): 도착하는 운송수단에서 양하준비가 된 상태로 인도한다. 매도인이 운송계약에서 목적지에서의 양하비용을 부담한 경우, 당사자 간 달리 합의가 없는 한, 매수인으로부터 그러한 비용을 회수할 권한이 없다.
  ⑥ 특징(Remarks): 매도인이 수입 관련 절차 이행과 비용을 부담하기 원하는 경우 DDP를 사용할 것이 권고된다.

[6] DPU(named place of destination, 목적지의 지정 장소), Delivered at Place Unloaded(도착지양하인도)
  ① 개요: 매도인이 목적지(도착지)에서 물품을 양하하여 매수인의 처분에 두어 인도한다.

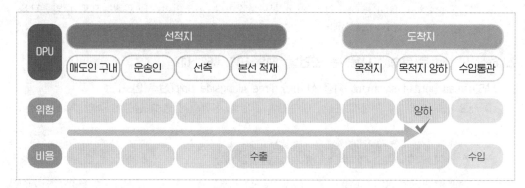

  ② 인도(Delivery): 목적지의 지정항 또는 장소에 위치한 지정 터미널에서 운송수단에서 양하 완료된 물품을 매수인의 처분에 놓아 인도한다. 또한 그렇게 인도된 물품을 조달하여 인도할 수 있다.
  ③ 운송계약(Contract of Carriage): 매도인이 계약에 적합한 운송 계약을 체결해야 한다.
  ④ 통관(Customs Clearance): 매도인이 수출절차 및 비용을 부담하고 수입절차 및 비용은 매수인이 부담한다.
  ⑤ 적재와 양하(Loading & Unloading): 매도인이 도착하는 운송수단에서 양하하는 비용과 위험을 부담한다.

⑥ 특징(Remarks): DPU는 매도인이 목적지에서 물품을 양하하도록 하는 유일한 규칙이다. 따라서 매도인은 자신이 그러한 지정장소에서 양하할 수 있는 입장에 있는지를 확실히 하여야 한다. 매도인이 양하의 위험과 비용을 부담하기를 원하지 않는 경우에는 DPU 대신 DAP를 사용하는 것이 좋다.

[7] DDP(named place of destination, 지정 목적지), Delivered Duty Paid(관세지급 인도)

① 개요: 매도인이 목적지(도착지)의 지정 장소에 수입통관된 물품을 매수인의 처분에 두어 인도한다.

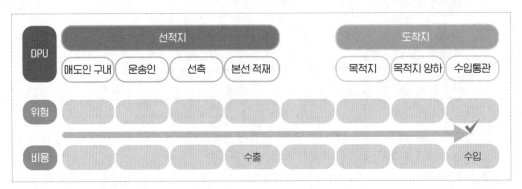

② 인도(Delivery): 목적지의 지정 장소에서 수입통관 완료된 물품을 운송수단상에서 양하 준비가 된 채 매수인의 처분에 놓아 인도한다.

③ 운송계약(Contract of Carriage): 매도인이 계약에 적합한 운송계약을 체결하여야 한다.

④ 통관(Customs Clearance): 수출 및 수입의 모든 절차와 비용을 매도인이 부담한다. 계약에서 달리 합의하지 않은 한, 수출 및 수입의 비용과 수입 시에 납부해야 하는 모든 부가가치세 등 조세도 매도인이 부담한다.

⑤ 적재와 양하(Loading & Unloading): 도착하는 운송수단상에서 양하 준비가 된 채로 인도한다. 매도인이 운송계약에서 목적지에서의 양하비용을 부담한 경우, 당사자 간 달리 합의가 없는 한, 매수인으로부터 그러한 비용을 회수할 권한이 없다.

⑥ 특징(Remarks): DDP는 매도인의 최대의무 조건이다. 매도인이 직·간접적으로 수입통관을 진행할 수 없는 경우 DDP 대신 DAP나 DPU를 사용하는 것을 고려하여야 한다.

2. 해상 및 내수로 운송에 사용하는 조건들: FAS, FOB, CFR, CIF

[1] FAS(named port of shipment, 지정 선적항), Free Alongside Ship(선측 인도)

① 개요: 선적지의 지정 선적항에서 매수인이 지명한 선박의 선측에 물품이 놓인 때 인도된다.

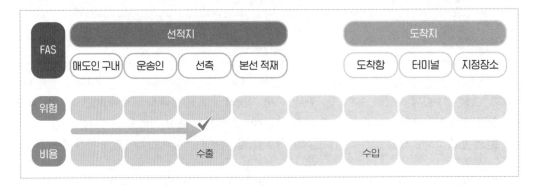

② 인도(Delivery): 지정 선적항에서 매수인이 지명한 선박의 선측(Quay, Barge)에 물품이 놓인 때 인도되며 해당 항구의 관습적인 방법으로 인도해야 한다. 이미 선측에 인도된 물품을 조달(Procure)하여 인도 가능하다.

③ 운송계약(Contract of Carriage): 매수인이 운송계약을 체결한다.

④ 통관(Customs Clearance): 매도인이 수출통관을 진행하고 수입통관 및 비용은 매수인이 부담한다.

⑤ 적재와 양하(Loading & Unloading): 지정 선적항의 선측이 인도 장소이므로 선적 및 양하비용은 모두 매수인이 부담한다.

⑥ 특징(Remarks): 인도지점까지의 비용과 위험은 매도인의 몫이며 관련 비용과 절차 등은 해당 항구의 관행에 따라 달라질 수 있으므로, 지정 선적항의 선적 지점을 가능한 한 정확히 지정할 것이 권고된다. 컨테이너 운송의 경우 본선의 선측이 아닌 터미널에서 인계되는 것이 보통이므로 FAS는 부적절하며 FCA가 사용되어야 한다.

[2] FOB(named port of shipment, 지정 선적항), Free On Board(본선 인도)

① 개요: 선적지의 지정 선적항에서 매수인이 지명한 선박에 물품을 본선 적재하여 인도한다.

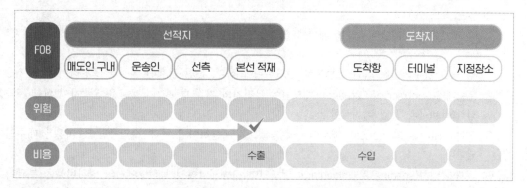

② 인도(Delivery): 매도인이 지정 선적항에서 매수인이 지명한 선박에 물품을 본선 적재(On Board)하여 인도한다. 해당 항구의 관습적인 방법으로 인도하여야 하며, 본선 적재된 물품을 조달하여 인도 가능하다.

③ 운송계약(Contract of Carriage): 매수인이 운송계약을 체결한다.

④ 통관(Customs Clearance): 매도인이 수출통관을 진행하고 수입통관 및 비용은 매수인이 부담한다.

⑤ 적재와 양하(Loading & Unloading): 인도가 선적항의 본선 적재 시 이루어지므로 선적은 매도인의 부담이며 도착항에서의 양하는 매수인의 부담이다.

⑥ 특징(Remarks)

  ㉠ 본선 적재된 물품을 조달하여 인도 가능하다.

  ㉡ 컨테이너 운송에서는 본선 적재되기 전에 운송인에게 인계되므로 FOB는 적절하지 않으며 FCA가 사용되어야 한다.

  ㉢ 「관세법」상 수출물품의 기준 가격으로 사용된다.

(3) CFR(named port of destination, 지정 목적항), Cost and Freight(운임포함인도)

① 개요: 매도인이 지정 목적항까지 운송계약을 체결하고 운임을 지급하며, 선적항에서 물품을 본선 적재 상태에서 인도한다.

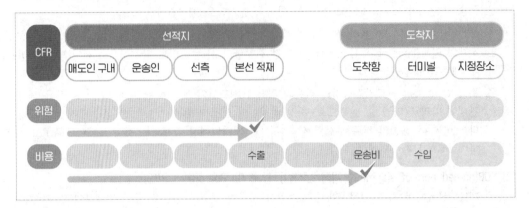

② 인도(Delivery)

　㉠ 매도인이 선적항에서 선박에 물품을 적재(On Board)하여 인도한다.
　　　※ 인도장소가 목적항이 아님에 유의하여야 한다.

　㉡ 해당 항구의 관습적인 방법으로 인도하여야 하며, 본선 적재된 물품을 조달하여 인도 가능하다.

③ 운송계약(Contract of Carriage): 매도인이 목적지의 지정 항구까지 물품을 운송하기 위한 계약을 체결하고 비용과 운임을 지불한다.

④ 통관(Customs Clearance): 매도인이 수출통관을 이행하여야 한다. 수입통관 및 비용은 매수인이 부담한다.

⑤ 적재와 양하(Loading & Unloading): 매도인이 운송계약에서 목적항에서의 양하비용을 부담한 경우 달리 합의가 없는 한, 매도인은 매수인으로부터 그러한 비용을 회수할 권한이 없다.

⑥ 특징(Remarks)

　㉠ C조건들(CPT, CIP, CFR, CIF)은 위험의 이전과 비용의 분기가 다른 장소에서 이루어지므로 2개의 분기점을 가진다.

　㉡ 목적항은 항상 지정하지만 선적항(위험이전의 분기점)은 지정되지 않는 경우도 있다. 선적항이 매수인의 관심사항인 경우 이를 계약에 명시할 것이 권고된다.

　㉢ 본선 적재되기 전 운송인에게 인계되는 컨테이너 운송 시에는 CPT가 사용되어야 한다.

(4) CIF(named port of destination, 지정 목적항), Cost Insurance and Freight(운임·보험료 지급)

① 개요: 매도인이 지정 목적항까지 운송계약과 보험계약을 체결하고 운임과 보험료를 지급하며, 선적항에서 물품을 본선 적재하여 인도한다.

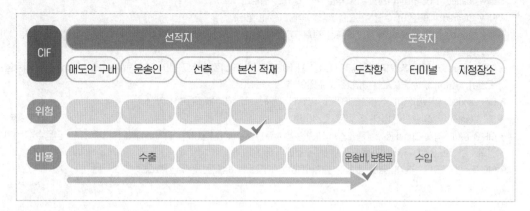

② 인도(Delivery):

㉠ 매도인이 선적항에서 선박에 물품을 적재(On Board)하여 인도한다.

  ※ 목적항이 아님

㉡ 해당 항구의 관습적인 방법으로 인도하여야 하며, 본선 적재된 물품을 조달하여 인도 가능하다.

③ 운송계약(Contract of Carriage): 매도인이 목적지의 지정 항구까지 물품을 운송하기 위한 계약을 체결하고 비용과 운임을 지불한다. 운송계약은 통상적 조건으로, 해당 물품에 통상적으로 사용되는 선박에 의해 통상적인 경로를 운행하는 운송계약을 체결해야 한다.

④ 보험(Insurance): 매도인은 자신의 비용으로 매수인을 위하여 운송 중 물품의 멸실 또는 손상의 위험을 담보하는 보험을 부보한다. 매도인은 최소 담보(ICC(C), 110%)로 보험을 부보할 의무만 있으나, 더 높은 수준의 담보조건으로 부보하기로 합의할 수 있다.

⑤ 통관(Customs Clearance): 매도인이 수출통관을 이행하여야 한다. 수입통관 및 비용은 매수인이 부담한다.

⑥ 적재와 양하(Loading & Unloading): 매도인이 운송계약에서 목적항에서의 양하비용을 부담한 경우, 달리 합의가 없는 한 매도인은 매수인으로부터 그러한 비용을 회수할 권한이 없다.

⑦ 특징(Remarks)

㉠ C조건들(CPT, CIP, CFR, CIF)은 2개의 분기점을 가진다. 목적항은 항상 지정하지만 선적항(위험이전의 분기점)은 지정되지 않는 경우도 있다. 선적항이 매수인의 관심사항인 경우 이를 계약에 명시할 것이 권고된다.

㉡ 컨테이너 운송 시에는 물품이 본선 적재되기 전 운송인에게 인계되므로 CIP가 사용되어야 한다.

㉢ 「관세법」상 수입 시 기준(과세)가격으로 사용된다.

인코텀즈의 변형 조건들

- **EXW loaded**: 매도인이 적재의무를 부담하는 EXW의 변형이다.
- **EXW Cleared**: 매도인이 수출통관의 의무를 부담하는 변형이다.
- **FOB Stowed & Trimmed**: 매도인이 본선 적재 후 선창 적입(Stowing)과 화물조정(Trimming) 비용을 매도인이 부담하는 FOB 변형이다.
- **FOB Vessel**: 개정미국무역정의(RAFTD)의 6가지 FOB조건 중 하나로 부정기선의 FOB Stowed & Trimmed 등 비용을 매도인이 부담하나, 수출절차의 이행은 매수인이 부담하는 조건이다.
- **CIF Landed**: 양륙비용이 추가된 CIF이다. 양륙지 계약이 아님에 주의하여야 한다.
- **CIF Cleared**: 수입통관 의무가 추가된 조건이다.
- **CIF & C/I/E**: 각각 Commission(중개업자/대리인 수수료), Interest(금융이자), Exchange(외환비용 또는 금융수수료)의 머리글자로 매도인이 추가 비용을 부담하는 조건에 사용된다.
- **CIF Net**: 매도인의 추가비용이 없음을 명확히 하는 의도로 사용되는 경우가 있다.

INCOTERMS® 2020 주요내용 요약

Rule		Full Name	특징	인도지	운송계약	분기 상이	통관	인도	매도인 하역	조달	대체
EXW		Ex Works (named *Place*)	국내거래	Shipment Departure 선적지 (수출국) 계약	언급X	–	매수인	매수인 처분			국제 FCA
FCA		Free Carrier (named *Place*)	F Group 운송비 미지급		매수인	–		운송인 인계	매도인구내 적재	O	
FAS	해	Free Alongside ship (named *Port* of shipment)						선측 적재		O	컨테이너 FCA
FOB	상	Free on Board (named *Port* of shipment)						본선 적재		O	컨테이너 FCA
CFR	운	Cost & Freight (named *Port* of destination)	C Group 주운임 지급		매도인	위험의 이전과 비용의 부담 분기가 서로 다름	매도인: 수출통관	본선 적재		O	컨테이너 CPT
CIF	송	Cost, Insurance Freight (named *Port* of destination)	*위험과 비용분기 상이				매수인: 수입통관	본선 적재		O	컨테이너 CIP
CPT		Carriage paid to (named *Place* of destination)						운송인 인계		O	컨테이너 CPT
CIP		Carriage, Insurance paid to (named *Place* of destination)						운송인 인계		O	컨테이너 CIP
DAP		Delivered At Place (named *Place* of destination)	D Group 수입국 인도	Arrival 양륙지 (수입국) 계약	매도인	–		매수인 처분		O	매도인 수입 DDP
DPU		Delivered at Place Unloaded (named *Place* of destination)					매도인	매수인 처분	양하	O	매도인 수입 DDP
DDP		Delivered Duty Paid (named *Place* of destination)					매도인	매수인 처분		O	매수인 수입 DAP, DPU

PART 3

국제운송

Chapter 1 해상운송

I 해상운송이란

선박을 이용한 여객 및 화물 운송방식을 말하는데 국제무역에서는 특히 화물선을 이용한 화물의 운송을 다룬다.

해상운송은 대량운송이 가능하고 공해(公海)를 이용하여 비교적 자유로운 항로로 원거리 운송이 가능하며 저렴한 운송비의 장점이 있어 타 운송 방법에 비해 압도적인 운송물량을 점유하고 있다.

반면에, 속도가 느리고 운송 중 위험이 상대적으로 크다는 점은 고속선의 이용과 컨테이너 운송이 보편화되면서 줄어들고 있지만 여전히 타 운송방법에 비교하여 단점으로 볼 수 있다.

II 해상운송의 형태

1. 정기선(Liner)

특정한 항로로 정해진 항구 간을 정기적으로 운항하는 선박을 말한다.

정기선운송은 공시된 운항일정(Sailing Schedule) 및 운임요율표(Freight Tariff)에 따라 이루어지며 불특정 다수 화주들의 일반화물(General Cargo)을 주 대상으로 한다. 부정기선과 비교하여 대형선박이 이용되는 경우가 많고 화물이 얼마나 선적되었는지에 관계없이 운항일정에 따라 정기적으로 운항하므로 고정비가 높아 부정기선에 비해 안정적이나 일반적으로 단위 운임이 높다.

2. 부정기선(Tramper)

정기선과 달리 수요에 따라 수시로, 항로의 제한 없이 운항하는 선박을 말한다.

정기선 운송이 적합하지 않은 대량의 살물(撒物, Bulk Cargo)과 특수화물을 운송하는 경우 주로 이용되며 운송수요가 증가한 정기선항로에 투입되기도 한다.

운임 즉, 용선료(Hire)는 선주(Shipowner)와 용선자(Charterer) 사이의 용선계약(Charter Party)으로 결정되는데 일반적으로 정기선보다 단위운임은 낮지만 변동 폭이 심하다.

원유, 가스, 광물, 냉동물품, 자동차 등의 특수화물을 운송하기 위하여 특별히 건조된 특수선이나 전용선(Specialized Carrier)에 의한 운송은 대부분 부정기선운송에 속한다.

III 해상운송의 계약

해상운송계약이란 해상운송인이 송하인(Consigner, Shipper)에게 해상화물운송 서비스를 제공하고, 송하인은 운임을 지급하기로 약정하는 계약이다.

정기선과 부정기선운송은 대상화물과 운송형태에 차이가 있는데 이를 개품(個品)운송계약과 용선운송계약으로 나누어 본다.

1. 개품운송계약(Contract of Affreightment in a General Ship)

정기선 운송에서 이루어지는 계약으로 운송인이 다수의 화주로부터 화물을 인수하여 같은 항차(Voyage Number)의 선편을 이용하여 목적항까지 운송하는 계약을 말한다.

별도의 운송계약서는 작성되지 않고 운송인이 화물을 인수하는 때에 선하증권(Bill of Lading)을 발급한다. 선하증권에는 화물의 명세, 선적지, 목적지, 발급일 등이 기재되어 있으며, 선하증권에 기재된 약관에 운송계약 당사자 간 권리의무 관계 등이 기술되어 있다.

2. 용선운송계약(C/P: Charter Party)

부정기선운송에서 특정 기간 동안 또는 특정 구간의 선박 전체 또는 선복(Ship's Space)의 일부를 임대차하는 계약을 말한다.

선박 또는 선복의 임차인(Lessee), 즉 화주는 용선자(또는 용선주; Charterer)가 되며, 선주(Shipowner)는 임대인(Lessor)이 되어 용선계약을 체결한다. 용선운임을 Hire라고 하며 용선자와 선주 사이에 용선중개인(Charter Broker)이 개입하는 경우가 일반적이다.

[1] 용선계약의 종류

① 나용선/선체용선계약(Bareboat/Demise Charter): 선체용선이라고도 하며, 일정한 기간 동안 용선자가 선주로부터 선박만 임차하는 용선계약이다.

　선장과 선원, 항해에 소요되는 장비 및 소모품 등을 모두 용선자가 조달하여 선박을 운항한다. 계약기간 동안 용선자는 선박을 점유하며 선박과 선장을 지휘하고 재용선(Sub-Charter)도 가능한 형태의 용선계약이다.

② 기간용선/정기용선계약(Time Charter): 정기용선이라고도 하며, 선주가 항해가능한 상태의 즉, 내항성 있는 선박을 일정 기간 동안 용선자에게 제공하는 형태의 계약이다. 선박과 그 운행을 위한 인건비, 설비, 선용품, 수리비, 보험료 등을 포함한 용선료로 계약하며 연료비, 하역비, 항구세, 도선료 등 운항과 직접 관련된 비용은 용선자가 추가로 부담한다. 운항 중 선장에 대한 지휘권은 용선자에게 있다.

③ 항해용선계약(Voyage/Trip Charter): 선주가 항해가능한 상태의 선박을 특정 항구에서 항구까지의 특정 항차에 대하여 용선자에게 임대하는 계약이다. 일반적으로 용선료는 운송되는 화물의 양에 비례하여 결정되나 다음과 같은 형태로 세분할 수 있다.

　㉠ 선복용선계약(Lump Sum Charter): 포괄운임용선계약이라고도 하며, 선적량에 관계없이 일정금액을 지급하는 계약이다.

　㉡ 일대(日貸)용선계약(Daily Charter): 용선료를 합의된 1일 요율에 따라 용선기간에 따라 지급하는 계약이다.

　㉢ 장기용선계약(COA: Contract of Affreightment): 특정 화물을 특정 항구로 일정 기간(약 1~5년) 동안 운송하기로 하는 계약이다.

　㉣ Gross Term과 Net Term: 용선료 이외의 하역비나 항비(Port Charge) 등 통상경비 부담방법의 미국식 용어 구분으로, 이러한 비용이 용선료에 포함된 경우에 Gross Term이라 하며 포함되지 않은 경우 Net Terms이라 한다.

　㉤ F I/O Terms: 하역비 부담조건에 따라 선주가 아닌 용선자가 하역비를 부담하는 것을 나타내는 용선계약 조건이다.

(2) 전부용선계약(Whole Charter)과 일부용선계약(Partial Charter)

선박 전체를 임대하는 경우를 전부용선계약이라 하고 선박의 일부만 임대하는 용선계약을 일부용선계약이라고 한다.

📋 표로 정리하기

정기선 운송 vs 부정기선 운송

구분	정기선(Liner)	부정기선(Tramper)
운행	Fixed Schedule/Route/Ports	수요에 따라 수시로 운행하며 항로/항구의 제한이 없다. 수요가 증가한 정기선 항로에 투입되기도 한다.
대상 화물	다수 화주의 일반(General)화물, Container 화물	용선자의 Bulk 화물
선박	상대적으로 대형 선박 Full/Semi Container Ship	상대적으로 소형 선박 재래선(Conventional)/Bulk Carrier Specialized Carrier
계약	개품운송계약 별도의 계약서 없이 선하증권(B/L)으로 계약을 추정	용선계약(Charter Party) Charterer-(Broker)-Ship Owner
운임	공시 운임, 요율표(Freight Tariff) 단위운임이 상대적 높으나 안정적	용선료(Charter Party Hire) 단위운임이 상대적으로 낮으나 변동 폭이 큼
운임의 구성	기본운임(Tariff) + 할증료(Surcharge) + 부대비용(Additional Cost)	• Bare/Time Charter: 계약기간 + 용선자의 부수비용 부담 • Voyage Charter: 기본 운항비용 = 선주부담 하역비(Loading & Unloading Cost) 및 정박기간(Layday) 산정방법에 따름

📑 더 알아보기

정기선운송과 해운동맹(Shipping Conference)

1. 해운동맹이란

특정 항로에 운항 중인 선사 간의 과도한 경쟁을 피하고 서로의 이익을 최대화하기 위한 일종의 Cartel을 말한다. 그 목적상 정기선운송과 관련되며, 운임, 영업조건 등을 협정하는 것이 주 목적이다. 정기선동맹(Liner Conference), 운임동맹(Freight Conference)이라고도 불린다.

가입과 탈퇴가 상대적으로 어려운 유럽항로의 폐쇄형동맹(Closed Conference)과 가입이 용이한 북미항로의 개방형동맹(Open Conference)으로 구분하기도 한다.

2. 해운동맹의 대내적 운영수단

(1) 운임협정(Rate Agreement)

동맹에서 공동으로 결정한 운임요율표(Tariff)를 준수하여 불필요한 운임경쟁을 방지한다.

(2) 배선협정(Sailing Agreement)

운임협정보다 더욱 강력한 경쟁억제수단으로, 한 항로를 운항하는 선박의 수를 일정하게 유지하여 경쟁을 방지한다.

(3) 공동계산협정(Pooling Agreement)

특정 항로에 배선 중인 동맹선사들이 운임수익을 공동관리·배분하는 운영방식이다.

(4) 공동운항(Joint Service)

특정항로의 운영을 공동으로 하는 협정으로 각 동맹선사의 독립성을 유지하면서 운항을 위탁하거나 공동경영의 방법으로 이루어진다.

(5) 투쟁선(대항선; Fighting Ship) 운영

특정 항로의 비(非)동맹 선사가 운항하지 못하게 하기 위해 해당 선사보다 저렴한 운임으로 선박을 운항하는 것을 말한다. 투쟁선의 운영비용은 동맹선사 공동으로 부담한다.

3. 해운동맹의 대외적(화주 구속) 운영수단

(1) 이중운임/계약운임제(Dual Rate; Contract Rate System)

화주가 해당 해운동맹의 선사만을 이용하기로 하는 경우 일반운임보다 할인된 운임을 적용하는 운임정책이다.

(2) 충실보상제, 운임할려제(Fidelity Rebate System), 운임연환급제(Deferred Freight Rebate System)

일정 기간 해당 해운동맹의 선사만을 이용한 화주에게 운임의 일부를 되돌려주는 운임정책이다.

4. 해운동맹의 장·단점

운임의 등락과 해당항로의 선박운항을 안정시키는 장점이 있는 반면, 그 목적이 동맹선사들의 이익증대에 있으므로 건전한 경쟁을 저해하여 화주의 선택권을 제한한다. 특히 유럽 등 선진국 선사들에게 해운시장을 독과점하게 하여 개발도상국 선사들의 시장진입을 어렵게 한다.

📖 **더 알아보기**

편의치적(便宜置籍, Flag of Convenience)

사람의 국적과 같이 선박도 한 국가에 등록하여 국적을 취득하게 되어있는데, 조세 및 법률상의 이점을 위하여 선주가 자신의 선박을 자국이 아닌 다른 국가에 등록하는 것을 편의치적이라고 한다. 마샬군도, 파나마 등의 조세피난처(Tax Haven)가 주요 편의치적 대상 국가이다.

편의치적의 목적은 조세혜택, 운항의 융통성 확보, 금융 조달상의 이익 등 이므로 특정 국가의 선박에 대한 규제, 등록세 등 선박 및 선주에 대한 세제, 선원의 임금·고용 및 노동법규, 노동조합관련사항도 주요 고려대상이 된다.

IV 해상운송의 운임

1. 해상운임의 종류

운임은 선사가 제공하는 운송서비스에 대하여 화주가 지급하는 대가로서 다음과 같이 구분할 수 있다.

(1) 지급시기에 따른 분류

① 선불운임(Freight Prepaid, Freight in Advance): 선적지에서 매도인이 지불하는 것으로 일반적으로 해상운임은 선불이 원칙이다.

② 후불운임(Freight to Collect, Freight Payable): 목적항에서 매수인이 지불하는 것으로 선사에 따라 선불만 가능한 경우도 있다.

(2) 부과방법에 따른 분류

① 중량운임(Freight by Weight): 화물의 중량 즉, 1Ton 등을 1중량톤(Weight Ton)으로 하여 산정하는 운임이다.

② 용적운임(Freight by Measurement): 화물의 부피 즉, 1CBM(Cubic Meter: m³) 등을 1용적톤(Measurement Ton)으로 산정하는 운임이다.

③ 운임톤(Freight/Revenue Ton): 중량톤과 용적톤 중 많은 운임을 적용하는 운임책정 기준이다.

④ 종가운임(Ad Valorem Freight): 화물의 가격을 기준으로 운임을 계산하는 방법이다.

⑤ 최저운임(Minimum Rate): 부피나 중량이 일정 기준 이하인 경우 정해진 최저운임을 부과하는 방법이다.

⑥ 차별운임(Discrimination Rate)과 무차별운임(FAK: Freight All Kinds Rate): 화물, 화주 등에 따라 운임을 차별적으로 부과하거나, 품목에 관계없이 운송거리 등을 기준으로 일률적으로 부과하는 운임을 말한다.

(3) 기타 운임

① 비례운임(Pro Rata Freight): 거리당 운임(Distance Freight)이라고도 하며, 운송거리에 비례하여 부과되는 운임이다. 사고 등으로 예정된 목적항에 이르지 못하고 다른 항구에서 물품을 인도한 경우, 실제 운송한 거리를 계산하여 부과하는 경우 등에도 사용된다.

② 반송운임(Back Freight): 운송된 화물이 인수거절 등의 사유로 다른 항구로 반송되거나 사고 등으로 예정된 목적항이 아닌 곳에서 운송이 종료된 경우 목적항까지의 운송에 부과되는 운임이다.

③ 부적/공적운임(Dead Freight): 계약된 화물이 실제 선적되지 않았더라도 해당 예약 선복에 부과하는 운임을 말한다. 용선운송에서 발생하며 일종의 위약배상금의 성격이다.

2. 정기선운송 운임

정기선의 운임은 기본운임에 할증료와 부대비용을 합산하여 산정하는 체계로 구성되어 있다.

(1) 기본운임(Basic Freight)

정기선운임은 일반적으로 해운동맹의 운임율표(Freight Tariff)에 기초하여 용적톤, 중량톤, 운임톤, 종가(Ad Valorem), 최저운임 등의 적용기준에 따라 산정된다.

(2) 할증료(Surcharge)

정기선의 운임율표는 보통 변경주기가 일정하고 화물의 성격이나 상황에 따라 기본운임을 변경하는 것이 어려우므로 기본운임에 할증료를 추가하여 조정하는 경우가 많다.

① 연료할증료(BAF: Bunker Adjustment Factor, Bunker Surcharge): 기준 연료비와 운항 시의 유가의 차이에 대해 부과하는 할증료이다.

② 환율변동할증료(CAF: Currency Adjustment Factor, Currency Surcharge): 기준 환율과 운항 시의 환율차이에 대해 부과하는 할증료이다.

③ 중량할증료(Heavy Cargo Charge, Heavy Lift Charge): 일정기준 이상의 중량화물에 부과하는 할증료이다.

④ 용적/장척할증료(Bulky/Lengthy Charge): 일정기준 이상의 부피나 길이의 화물에 부과되는 할증료이다.

⑤ 양륙항선택료(Optional Charge): 출항 시 양륙항을 복수로 하였다가 목적항에 입항 전에 양륙항을 선택하는 옵션에 대해 부과되는 할증료이다.

⑥ 운하할증료(Canal Surcharge): 항로상 운하를 이용하는 경우 부과되는 할증료이다.

⑦ 체선할증료(Congestion Surcharge): 항구의 체선으로 발생하는 손해를 화주에게 부담시키는 할증료이다.

(3) 부대비용(Additional Charge)

① 터미널화물처리비(THC: Terminal Handling Charge): 화물이 선적항의 컨테이너 터미널 등에 입고되어 본선 적재를 위하여 선측까지 이동하거나, 목적항에 도착한 본선에서 양하된 화물이 항구의 게이트를 통과하기까지 화물의 취급, 보관 및 이동에 관련된 비용을 말한다. Container Handling Charge, Destination Delivery Charge 등으로 불리기도 한다.

② 부두사용료(Wharfage): 항만시설 사용에 대하여 부과하는 요금을 말한다. 우리나라의 경우에는 국토해양부 고시, 항만공사 규정 등에 의하여 부과된다.

③ CFS 작업료(Container Freight Station Charge): LCL(Less than a Container Load)화물의 경우 선적지와 도착지의 CFS에서 화물의 혼적 및 적출 작업을 거쳐야 하는데 이때 발생하는 비용을 말한다.

④ 컨테이너 세(Container Tax): 과세 대상 항구를 이용하는 컨테이너에 대해 부과하는 세금을 말한다.

⑤ 서류발급비(Documentation Fee): 선사에서 선하증권(B/L)이나 화물인도지시서(D/O)의 발급 시 부과하는 요금을 말한다.

⑥ 컨테이너 체화료(Demurrage Charge): 선사에서 무료로 제공하는 허용기간(Free Time)을 초과하여 컨테이너를 CY(Container Yard)에서 반출하지 않는 경우 청구되는 비용을 말한다.

⑦ 경과보관료(Over Storage Charge): CFS 또는 CY로부터 화물 또는 컨테이너를 허용기간(Free Time) 내에 반출하지 않는 경우 창고료 및 보관료로 청구되는 비용을 말한다.

⑧ 지체료(Detention Charge): 선사로부터 대여된 컨테이너를 허용기간(Free Time) 내에 반환하지 않는 경우 청구되는 비용을 말한다.

3. 용선계약의 용선료(Charter Hire)

(1) 용선료의 결정기준

선사에 의해 일방적으로 책정되는 정기선운송의 운임과 달리 용선계약에서는 수요와 공급에 따라 용선자와 선주의 계약으로 용선료가 결정된다. 용선계약의 운임은 일반적으로 후불이 원칙이나 선불인 경우도 있다.

(2) 나용선과 기간용선 용선료

나용선이나 기간용선의 경우에는 계약기간에 따라 용선료가 책정되며 선박운항에 부수되는 하역비용이나 입 · 출항 관련 비용 모두 용선자가 부담한다.

(3) 항해용선계약의 운임

항해용선의 경우 용선료(운임)는 항해단위(Lump Sum Charter)나 적재량, 거리 등을 기준으로 결정되며, 용선계약 시 선박운항비용의 변동에 대비하여 Escalation Clause(우발비용 조항)를 기재하기도 한다.

항해용선계약에서는 원칙적으로 선주가 선박의 운항에 관련된 비용을 부담하게 되어있지만 하역비나 정박기간과 관련한 비용에 대하여는 다음의 기준을 적용한다.

① 하역비의 부담 조건들

ㄱ Gross Term과 Net Term: Gross Term은 일부 비용을 제외하고, 하역비와 항비(Port Charge) 등을 포함한 기본적인 통상경비가 용선료에 포함되어 선주가 부담하나 Net Term은 용선자가 부담하는 조건이다.

ㄴ Berth Terms(Liner Terms): 정기선운송에서와 같이 적재비용과 양하비용 선내하역비용이 모두 운임에 포함되어 이를 선주가 부담하는 조건이다.

ㄷ F.I.(Free In): 선적비용과 선내하역비용은 용선자가 부담하고 선주는 양하비만 부담하는 조건이다.

ㄹ F.O.(Free Out): 선적비용과 선내하역비용은 선주가 부담하고 용선자는 양하비만 부담하는 조건이다.

ㅁ F.I.O.(Free In and Out): 선적 및 양하비용 모두 용선자가 부담하는 조건이다.

ㅂ F.I.O.S.T.(Free In, Free Out, Stowed, Trimmed): 선적 · 양하, 본선 내부의 적부, 선창 내 화물 정리비를 모두 용선자가 부담하는 조건이다.

② 정박기간(Laydays) 관련 조건들: 정박기간이란 선박이 적재·양하의 하역작업을 위해 항구에 머무르는 기간을 의미하는데 정박기간에 따라 선주의 수익이 좌우되므로 용선계약 시 약정된 정박기간보다 빨리 출항하게 되면 선주가 용선자에게 조출료(Dispatch Money)를 지급하고 약정된 정박기간을 초과한 경우에는 용선자가 선주에게 체선료(Demurrage)를 지급한다. 다음은 정박기간의 산정기준이다.

    ㉠ C.Q.D.(Customary Quick Dispatch): 관습적 조속하역 즉, 해당 항구의 관습적인 하역방법 및 하역량에 따라 가급적 신속하게 하역하는 조건이다. 따라서 일요일과 공휴일 등의 제외 여부는 그 항구의 관습에 의해 결정된다.

    ㉡ Running Laydays: 연속정박기간 또는 연속24시간조건으로 불리며 일요일과 휴일, 악천후는 물론 불가항력 등의 상황에도 모두 정박일로 계산된다. 일반적으로 하루 작업량을 정하여 결정한다.

    ㉢ W.W.D.(Weather Working Days): 호천하역일, 청정작업일 또는 호천24시간조건으로 불리며 하역작업이 가능한 기상조건인 날만 계산하는 방법이다. 공휴일을 포함하는지 여부에 따라 SHEX와 SHEXUU로 나뉜다.

       ⓐ SHEX(Sundays and Holidays are Excepted): 일요일과 공휴일 제외하는 조건

       ⓑ SHEXUU(Sundays and Holidays Excepted Unless Used): 일요일과 공휴일에 하역작업을 진행하면 정박기간에 포함시키는 조건

Ⅴ 컨테이너(Container) 운송

1. 컨테이너 운송이란

컨테이너란 반복 사용이 가능하고 다양한 운송수단에서 이용될 수 있도록 일정 규격으로 설계된 운송용구를 말한다. 컨테이너 운송이란 이러한 컨테이너를 운송단위로 하는 운송을 말한다. 기존의 벌크화물 운송방법에 비해 하역시간과 비용이 단축되고 낮은 위험으로도 환적이 용이하게 되므로 복합운송을 이용한 Door-to-Door 운송에 적합하다.

컨테이너는 1920년대 미국에서 발명되어 60년대에 전용 정기선(Full Container)이 등장하였고 70년대부터 보편화되었다.

컨테이너 운송은 하역시간 단축, 견고한 외장으로 인한 포장·보관비용 절감과 화물의 파손 및 도난방지, 선적지에서 도착지까지 일관운송이 가능한 장점이 있으나 컨테이너 취급을 위한 시설 등 인프라를 구축하기 위한 초기투자 비용이 높으며 규격화된 컨테이너에 적입이 어려운 화물은 운송이 곤란한 단점이 있다.

2. 컨테이너의 종류

화물의 성질이나 수량 등 특성에 따라 다른 종류의 컨테이너가 사용된다.

(1) 크기별 분류

- TEU(Twenty feet Equivalent Unit) = 20FT(20' × 8' × 8'6'')
- FEU(Forty feet Equivalent Unit) = 40FT(40' × 8' × 8'6'') 및 40FT High Cubic(40' × 8' × 9'6'')이 주로 사용되며 컨테이너가 하중을 견딜 수 있는 최대적재중량(안전하중)은 20FT는 약 20톤, 40FT는 약 30톤이다.

(2) 용도별 분류

① Dry Container: 일반 건화물 수송용의 표준컨테이너로 가장 일반적인 형태이다.

② Reefer(Refrigerated) Container: 저온을 유지해야 하는 화물에 사용되는 온도조절 가능한 컨테이너이다.

③ Live Stock(Ventilated) Container: 산 동물이나 식물의 수송이 가능하도록 통풍구가 있는 컨테이너이다.

④ Bulk Container: 곡물이나 분말형태의 화물 운송을 위하여 상·하부에 투입구 및 출구(Hatch)가 있는 형태의 컨테이너이다.

⑤ Tank Container: 화학제품 등 액체 화물의 운송에 사용되는 컨테이너이다.

⑥ Flat Rack Container: 컨테이너의 기둥을 골격으로 하고 일부 또는 전체 벽면을 제거하여 기계류나 목재 등의 하역을 용이하게 한 컨테이너이다.

⑦ Open Top Container: 크기가 큰 화물이나 기계류 등의 운송을 위해 지붕을 제거하여 컨테이너의 상단으로 돌출되는 화물도 운송이 가능하도록 한 컨테이너이다.

3. 컨테이너화물의 운송형태

(1) FCL과 LCL화물

① FCL(Full Container Load) Cargo: 하나의 컨테이너에 한 화주의 화물만 적재된 경우를 말한다. 매도인의 공장이나 창고에서 출발한 컨테이너가 항구의 CY(Container Yard)로 바로 이동하여 대기하다가 선적되고 도착항에서 역시 선박에서 양하되어 CY에서 대기하다가 반출절차 이행 후 컨테이너 그대로 목적지까지 이동하게 되므로 컨테이너 운송의 장점이 가장 잘 발휘될 수 있는 형태이다.

② LCL(Less than a Container Load) Cargo: 하나의 컨테이너에 여러 명의 화주가 화물을 혼재(Consolidate)한 경우를 말한다. 즉, 선적지에서 여러 LCL화물을 모아 하나의 컨테이너에 적입(Vanning, Stuffing)하는 작업을 거쳐 CY로 이동하여야 하며, 도착항에서도 각 화주의 화물을 컨테이너에서 적출(Devanning, Unstuffing)하는 추가 작업을 거친 후 반출절차를 거쳐 각각의 최종 목적지로 운송되므로 FCL화물에 비해 시간과 비용이 더 소요된다. 이러한 적입과 적출 작업이 이루어지는 장소를 CFS(Container Freight Station)라고 한다.

(2) 상황별 운송방법

① CY/CY(FCL/FCL; Door-to-Door) 운송: 컨테이너 운송의 장점이 가장 잘 활용된 형태로서 화주 1인의 화물이 창고 등에서 컨테이너에 적입되어 선적을 위해 선적항의 CY로 바로 입고되어 선적된다. 목적항에서 양하된 컨테이너 역시 CY로 이동되어 수입통관 등 절차 이행 후 물품이 컨테이너에 적입된 채로 목적지의 화주에게 인도되므로 시간과 비용이 가장 절감되는 형태이다.

② CY/CFS(FCL/LCL) 운송: 한 화주의 화물이 창고 등에서 컨테이너에 적입되어 선적항의 CY를 거쳐 선적된다. 목적항에서는 화주가 다수이므로 양하된 컨테이너가 CFS에서 각 화주별 화물로 분리되어 통관 등의 절차 이행 후 각 화주별 최종 목적지까지 인도된다.

③ CFS/CY(LCL/FCL) 운송: 다수 화주의 LCL화물이 CFS에서 컨테이너에 적입되어 CY를 통해 선적된다. 목적항에서는 화주가 1인이므로 목적항에서 양하된 컨테이너는 CY에서 통관 등 절차 이행 후 그대로 목적지의 화주에게 인도된다.

④ CFS/CFS(LCL/LCL; Pier-to-Pier) 운송: 다수 화주의 LCL화물이 선적지의 CFS에서 컨테이너에 적입된 후 CY를 거쳐 선적된다. 목적항에서도 역시 화주가 다수이므로 양하된 컨테이너가 CFS로 이동되어 각 화주별 화물을 분리하여 통관 등의 절차를 이행한 후 각 화주별 운송방법에 따라 최종 목적지까지 인도된다.

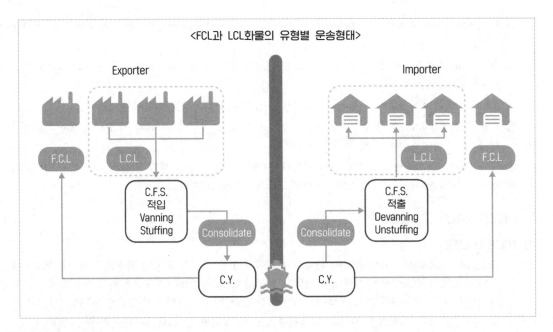

<FCL과 LCL화물의 유형별 운송형태>

📑 **더 알아보기**

컨테이너 운송선박

컨테이너는 재래식 선박(Conventional Ship)이나 Bulk선에 의하여도 운송이 가능하나 컨테이너 운송에 특화된 전용선(Full Container Ship)이나 컨테이너와 Bulk화물을 혼재하는 분재선(Semi-container Ship)도 운용되고 있다.

📑 **더 알아보기**

화물선의 화물 적재방식에 따른 분류

1. LO/LO(Lift On/Lift Off)

   크레인으로 화물을 적재하고 양하는 방식이다. 대부분의 컨테이너 하역 시에 사용되는 일반적인 형태이다.

2. RO/RO(Roll On/Roll Off)

   선박의 적재공간으로 연결되는 램프(Ramp)를 통하여 적재 및 양하하는 방식을 말한다. 승객과 화물을 동시에 수송하는 페리(Ferry)나 자동차 운송 전용선 등의 경우가 이에 해당한다.

3. FO/FO(FLO/FLO; Float On/Float Off)

   LASH System 또는 수면에 부유(Float)된 상태의 운송물(선박 등)을 본선을 가라앉혀 적재 및 양하 하는 방식을 말한다.

📑 **더 알아보기**

부선(Lighter)과 LASH barge

항구의 수심이 낮거나 선박이 많이 몰리는 경우 본선이 부두에 직접 접안하지 못하는 경우가 있는데, 이러한 경우 Lighter를 이용하여 부두에서 본선까지 화물을 이동시킨다.

LASH(Lighter Aboard Ship) System이란 Barge(바닥이 평평하고 동력이 없는 뗏목과 같은 형태의 수상 구조물)에 컨테이너 등을 적재 후 본선으로 이동하여 Barge를 그대로 본선에 적재하는 방식을 말한다. 일반적인 Lighter보다 하역작업이 용이하고 시간이 단축된다.

컨테이너와 운송방식의 결합에 의한 분류

1. Fishy Back
   육상운송과 해상운송의 결합으로 트레일러 채로 선박에 적재하여 운송하는 방식을 말한다.
2. Piggy Back
   컨테이너 또는 트레일러를 철도로 운송하는 방식을 말한다.
3. Birdy Back
   트레일러와 항공운송을 결합한 운송방식을 말한다.

Ⅵ 해상화물의 선적과 인수절차

1. 선박수배(Inquiry)

매매계약의 이행을 위해 선사(대리점) 또는 운송주선업자(Forwarder)를 통해 Shipping Schedule을 문의하여 선복(Ship's Space)을 수배한다.

선박의 출항예정시간(ETD: Estimated Time of Departure)과 도착예정시간(ETA: Estimated Time of Arrival)을 감안하여 매매계약상의 선적일에 알맞은 선편을 선택한다.

2. 선적예약(Booking)

송하인(Consigner)이 선사 또는 운송주선업자에게 S/R(Shipping Request; 선복의뢰서)을 제출하고 이에 대한 확인으로 선사로부터 Booking Note(선복예약서)를 교부 받는다.

3. 선적

관련 서류를 준비하고 수출신고를 완료한다. 일반적으로 FCL의 경우 선사에서 제공된 빈 컨테이너(Empty Container)에 물품을 적입하고, LCL의 경우 운송주선업자에게 인계되어 물품혼재(Consolidation)작업 후 지정 부두나 창고까지 운송된다.

선사 발행의 S/O(Shipping Order; 선적지시서)에 따라 선적되며 이때

(1) 컨테이너 화물

컨테이너의 외관 및 봉인(Seal) 검사 후 D/R(Dock Receipt, 부두수취증)이 교부된다.

(2) 벌크화물

본선 적재 시 일등항해사(Chief Mate)가 화물을 이상 없이 수취한 증거로 M/R(Mate's Receipt; 본선수취증)을 발행한다.

4. B/L 입수

인도가 완료되면 B/L(Bill of Lading; 선하증권)이 발급된다. Full Set의 B/L 발행통수와 그 기재내용을 확인하고 운임선불인 경우 B/L 수령 시 운임을 지급한다.

5. 선적 통지 및 서류 송부

송하인이 수하인(Consignee)에게 선적통지 후 운송서류와 계약상 제공하여야 할 서류를 송부한다. 수하인은 송부된 운송서류 등을 매매계약에서 합의한 절차(신용장의 경우 은행에 대금지급)에 따라 입수한다.

6. A/N 통지

선사는 목적항에 입항 전에 B/L에 기재된 착화통지처(Notify Party)에 A/N(Arrival Notice, 도착예정통지)을 발송한다.

7. D/O 제출 및 물품 인도

선박의 입항 및 하역이 완료되면 수하인은 원본 B/L을 선사(대리점)에 제출하고 D/O(Delivery Order, 화물인도지시서)를 수령한다. 이 D/O를 선사의 물품 교부장소(항구나 창고 등)에 제출하고 화물을 인도받는다. FCL의 경우 화주의 창고에서 컨테이너 적출 작업 후 빈 컨테이너를 선사에 반환한다.

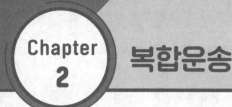

Ⅰ 복합운송(Multimodal Transport)이란

물품의 운송이 해상·육상·항공·철도 등 두 가지 이상의 다른 운송방법의 조합에 의해 이루어지지만 전체의 운송이 하나의 운송계약으로 이루어지는 것을 말한다.

Ⅱ 복합운송의 요건

(1) 2종 이상의 운송방법(Different Modes of Transport)이 이용된다.

(2) 복합운송인이 단일의 운송계약으로 전 구간을 책임진다.

(3) 운송인은 운송 전 구간에 대해 단일운임을 적용한다.

(4) MTD(Multimodal Transport Document) 등의 복합운송증권이 발행된다.

Ⅲ 복합운송과 통운송(Through Transport)의 구분

통운송(Through Transport)이란 주로 선사가 타 선사의 선박과의 환적 또는 내륙운송과 연계하여 제공하는 운송서비스를 말한다. 통운송계약의 당사자인 선사는 자신의 선박을 이용한 구간만 자신의 책임구간으로 하고 그 이외의 구간에 대하여는 송하인의 대리인으로서 실제운송인(Actual Carrier)과 계약하는 것에 불과하다. 그러므로 해당 구간에서 사고가 발생하면 그 구간의 실제 운송인이 책임을 지도록 운송계약에 명시할 수 있다. 통운송계약에서는 통선하증권(Through B/L)이 발행되어 복합운송과 구분된다.

Ⅳ 복합운송인(MTO; Multimodal Transport Operator)

1. 복합운송인이란

복합운송을 제공하는 자로서 'UN복합운송협약'에서는 '스스로 또는 대리인을 통해 운송계약을 체결하고 송하인이나 운송인의 대리인이 아닌 운송계약의 주체로서 계약이행에 대해 책임을 지는 자'로 정의하고 있다.

"Multimodal transport operator" means any person who on his own behalf or through another person acting on his behalf concludes a multimodal transport contract and who acts as a principal, not as an agent or on behalf of the consignor or of the carriers participating in the multimodal transport operations, and who assumes responsibility for the performance of the contract. UN Multimodal Convention §1-(2)

"복합운송인"이라 함은, 스스로 혹은 자신을 대리한 타인을 통하여 복합운송계약을 체결하고, 송하인이나 복합운송운영에 관여하는 운송인의 대리인으로서 또는 그러한 사람을 대리하여서가 아니라, 주체로서 행위를 하고, 또한 계약의 이행에 관한 책임을 지는 사람을 말한다.

해커스관세사 전대규 무역영어 PART 3 국제운송

2. 복합운송인의 유형

복합운송인은 운송수단의 보유 여부에 따라 캐리어형 운송인과 포워더(비캐리어)형 운송인으로 분류할 수 있다.

(1) 캐리어형(Carrier Operator)

자신이 보유한 운송수단을 이용하여 운송하는 선사와 같은 실제 운송인을 말한다.

(2) 포워더/계약운송인형(Freight Forwarder, Non-carrier Operator)

직접 보유한 운송수단 없이 화물을 운송하거나 운송을 주선하는 운송인을 말한다. 그러나 캐리어형 복합운송인과 다름없이 운송주체로서 책임과 의무를 수행한다.

NVOCC(Non-Vessel Operating Common Carrier)는 미국의 (신)해운법(Shipping Act, 1984)상의 용어로 '해상운송에 있어서 자기 스스로 선박을 직접 운항하지 않으며 해상운송인에 대해서는 화주의 지위가 된다.'라고 정의되어 있다.

📋 **더 알아보기**

운송주선업자(Freight Forwarder)

Forwarding Agent, Shipping Agent, Shipping & Forwarding Agent 등을 포괄하여 실무상 포워더로 통칭한다.

국제운송물품의 운송 및 물류 전반에 대한 전문적인 지식을 바탕으로 화주에게 관련분야의 자문을 제공하고 운임과 운송·물류 관련 비용의 견적, LCL화물의 집하·혼재, 선복예약 및 운송계약의 체결, 운송서류의 작성 및 취급, 보험 수배, 포장 및 보관, 통관절차 및 유통의 주선 등의 서비스를 제공하는 자를 말한다. 복합운송에 있어서는 스스로 운송계약의 주체가 되어 복합운송인으로서 복합운송증권을 발행한다.

📋 **더 알아보기**

복합운송인의 책임체계

1. **단일책임체계(Uniform Liability System)**

   운송물의 멸실, 훼손, 지연손해가 복합운송의 어느 운송구간, 운송방식에서 발생하더라도 하나의 동일한 기준에 따라서 배상 등 책임을 부담하는 방식이다.

2. **이종책임체계(Network Liability System)**

   손해가 발생한 구간이 확인된 경우에는 그 구간의 고유한 조약, 국제규칙, 국내법을 적용하는 방식이다.

3. **절충형책임체계(Modified Uniform Liability System)**

   원칙적으로 손해발생 구간에 관계없이 동일한 책임규정을 적용하고, 손해발생구간이 확인된 경우 그 구간에 적용될 법규의 책임한도액이 단일책임체계의 책임한도보다 높으면 그 높은 책임한도를 적용하는 방식이다. UN국제복합운송협약에서 채택하고 있다.

Chapter 3 기타운송

I 항공운송(Air Transport)

1. 항공운송이란

항공기로 여객과 화물을 운송하는 것을 말한다. 항공운송은 가장 신속하고 상대적으로 정확하며 안전하나 운임, 화물의 종류, 중량 등에 제약이 있다. 주로 고부가가치의 경량화물에 이용된다.

2. 항공화물운송 절차

송하인이 항공화물대리점(항공운송인의 대리인)을 통해 화물의 품목, 중량, 선적일 등에 따라 항공사의 비행편을 수배하여 선적예약을 하고, 화물을 지정된 일시에 항공사에 인계한다.

화물인수 시 화물의 포장상태, 파손 여부, Marking과 Label, 수량의 일치 여부 등을 확인하고 보세구역에 장치 후 기내에 ULD(Unit Load Device; 단위탑재용기)단위로 적재한다.

도착지에는 수하인에게 항공화물의 도착통지를 하고 항공기 입항 후 각 항공사별 지정된 장치장에 화물이 입고된다.

항공화물운송장(Air Waybill)에 기재된 수하인을 확인 후 화물이 인계되는데 운임후불의 경우 운송요금과 운임착지불청구비용(Charge Collect Fee)을 징수한다.

3. 항공운송 관련자

(1) 항공화물운송대리점(Air Cargo Agent)

항공사 또는 총대리점을 대리하여 항공운송 화물운송계약을 체결하며 항공사의 운송약관, 규칙, 항공운임요율(Tariff), 스케줄에 따라 선복예약, 항공화물운송장(Air Waybill)을 발행하며 항공사로부터 수수료(Commission)를 받는다.

(2) 항공운송주선업자(Air Cargo Forwarder)

자신의 명의로 항공사의 항공기를 이용하여 송하인의 화물을 운송하는 사업자로 화주에 대하여는 자체 운송약관과 항공운임요율로 운송계약을 체결하고 HAWB(House Air Waybill; 항공운송주선업자 항공화물운송장)을 발행한다. 항공사에 대하여는 MAWB(Master Air Waybill; 항공사발행 화물운송장)에 의해 자신을 송하인으로 하여 운송계약을 체결한다.

해커스공인중개사 진민구 부동산학개론

PART 3

국제운송

Ⅱ 육로운송(Road and Railway)

도로 및 철도에 의한 운송으로 내륙지역에서 송하인의 물품을 항구나 공항까지 또는 항구나 공항으로부터 수하인의 최종 목적지까지 운송하는 과정에 필수적이다.

1. 도로운송(Road Transport)

도로망과 운반차량을 이용하는 운송방법으로 국제복합운송에서 Door-to-Door운송의 말단을 담당한다. 출발, 도착시간, 운송량 결정 등이 용이하며 단거리 운송에는 비교적 빠르고 도로운송 서비스를 제공하는 운송인도 다수이므로 이용에 편리하다. 그러나 중량화물 운송이나 장거리 운송 시에는 운송비가 높고 기후와 도로사정 등으로 인한 운송중단 또는 지연의 발생가능성이 높다.

2. 철도운송(Railway Transport)

철도운송은 상대적으로 낮은 비용에 안전도가 높은 운송방법으로 특히 중·장거리의 대량 운송에 적합하다. 교통체증의 영향을 받지 않으며 중량물의 운송이 가능한 반면 단거리 운송에는 상대적으로 느리며 최종운송에는 도로운송차량을 사용해야 하므로 환적 시간 및 비용이 발생한다.

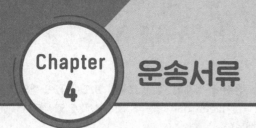

운송서류

국제운송의 운송방법 별로 발행되는 운송서류는 다양하며 각각 특징을 가지고 있다. 해상운송에서 발행되는 B/L(Bill of Lading; 선하증권)을 비롯한 복합운송증권, 해상 및 항공화물운송장, 화물수탁증 등의 운송서류는 다음과 같다.

I 선하증권(B/L: Bill of Lading)

1. 선하증권이란

해상 운송인과 송하인의 운송계약에 따라 발행되는 해상운송서류로 운송인이 수취한 송하인의 화물을 계약된 도착지에서 동 증권의 원본과 상환으로 인도할 것을 약정하는 계약의 증빙이자 물품수취증이며 권리증권이다.

2. 선하증권의 성질

(1) 운송계약의 증거(Proof of Contract of Carriage)

정기선 운송에서 별도의 운송계약서는 작성되지 않고, 선하증권에 운송인과 화주 간의 운송계약의 조건을 명시하고 있으므로 계약의 추정적 증빙(Prima Facie Evidence)이 된다.

(2) 화물수취증(Receipt for Goods)

운송인이 선하증권에 기재된 화물을 인수하였다는 추정적 증거로서 화물수취증의 역할을 한다.

(3) 권리증권(Document of title)

운송계약에서 동 증권과의 상환으로 선적화물을 인도할 것을 확약하여 운송인이 해당 화물에 대해 발행한 선하증권과의 상환이 아니면 선적화물을 인도하지 않는다. 즉, 선하증권은 기재된 화물을 대표(표창)하는 권리증권으로서 선하증권의 양도는 물품의 양도와 동일한 효력을 지니는 유통성이 있는 유통증권이다.

(4) 요식증권(Formal Instrument)

선하증권은 법정기재사항의 기재를 필요로 하는 요식증권이다.

(5) 기타 성질

선하증권은 화물의 선적을 전제로 발행되는 요인증권이며, 권리자가 화물의 인도를 청구할 수 있는 채권증권, 선하증권과의 상환으로 물품 인도의 채권을 행사하는 상환증권, 화물의 처분에 선하증권이 필수적인 처분증권, 기재된 문언에 따라 권리·의무가 결정되는 문언증권, 발행방법에 따라 배서에 의해 양도되는 지시증권의 성질을 가진다.

3. 선하증권의 종류

(1) 본선 적재 여부에 따른 구분

① Shipped/On Board B/L(선적선하증권): 화물이 실제로 본선에 적재된 것이 표시된 B/L이다. 발행일이 적재일이 되며 "Shipped ~", "Shipped on board ~". "laden on ~" 등과 같이 B/L에 표시된다. M/R과의 상환으로 또는 본선 적재 부기에 의해 발행된다.

② Received B/L(수취선하증권): 실제 선적 이전에 선사에 인계된 시점에 발행된 B/L이다. "Received for Shipment", "Received to be transported ~" 등으로 표시되며 본선 적재 후 적재일을 운송인의 서명과 함께 부기(Notation)하면 선적선하증권과 동일한 효력을 가진다. 이때 부기(Notation)의 본선 적재일이 선적일이 된다. D/R과의 상환으로 발행되며, 적재 예정 선박의 입항 전 발행되는 경우 Custody B/L이라 하며 입항한 선박에 적재하기 전 발행하는 경우 Port B/L이라 한다.

(2) 화물의 상태에 따른 구분

① Clean B/L(무사고/무고장 선하증권): 선적 시 화물의 외관상태와 수량 등에 이상이 없이 선적되는 경우 발행되는 B/L이다. 이러한 하자에 대한 기록은 B/L의 적요란(Remarks)에 기록되는데 Clean B/L은 아무런 기록이 없는 경우이다.

② Foul/Claused/Unclean/Dirty B/L(사고부/고장부 선하증권): 선적 시 화물의 포장, 수량 또는 기타 외견상 이상이 있는 경우 이를 Remarks란에 기재하여 발행된 B/L이다.

> #### 🗒 더 알아보기
>
> **L/I(파손화물 보상장; Letter of Indemnity)**
>
> L/I는 송하인이 Clean B/L의 발급을 요청하면서 그로 인해 발생하는 모든 책임을 자신이 부담하겠다는 운송인에 대한 서면상 약속이다.
>
> 선사가 화물 수취 시 포장이나 화물에 손상이 있거나 수량 등에 차이가 있는 경우 선하증권의 비고(Remark)란에 이상표시를 하게 되며 Foul B/L이 발행된다. UCP의 규정과 같이 일반적인 거래조건에서 Clean B/L이 요구되며 Foul B/L은 UCP하에서 수리되지 않는다. 이런 경우 송하인(Consignor)이 파손화물보상장을 운송인에게 제출하고 B/L의 사고 적요를 삭제한 Clean B/L을 인수받는 관행이 이용될 수 있다.
>
> > We hereby undertake and agree to pay on demand any claim that may thus arise on the said shipment and/or the cost of any consequent reconditioning and generally to indemnify yourselves and/or agents and/or the owners of the said vessel against all consequences that may arise from your action.

---

(3) 수하인 지정방법에 따른 구분

① Straight B/L(기명식 선하증권): 수하인(Consignee)란에 수하인의 명칭이 기입되어 발행된 B/L이다. 원칙적으로 B/L의 유통의사가 없는 경우에 사용된다. 기명된 수하인만이 사용할 수 있어 발행 후 송하인(매도인)의 권리행사가 곤란하므로 비유통증권으로 간주되는 것이 원칙이다.[10]

② Order B/L(지시식 선하증권): 수하인을 "Order", "Order of ~" 등으로 표시하여 발행된 B/L이다. 배서에 의한 유통이 편리하여 가장 보편적으로 사용되는 방식이다.

③ Blank, Bearer B/L(무기명식, 소지인식 선하증권): 수하인란에 특정인이나 지시인을 표시하지 않은 B/L이다. 소지인에게 그 권리가 있어 분실 등 위험에 취약하므로 주의가 요구된다.

---

10) 우리 상법에서는 선하증권상에 배서금지의 취지가 기재되지 않은 경우 배서에 의해 양도할 수 있도록 하고 있다.

PART 3

국제운송

📋 더 알아보기

배서의 종류

1. 기명식 배서(Full Endorsement, Special Endorsement)

   피배서인(Endorsee)의 명칭을 기재하고 배서인(Endorser)이 서명하는 방법이다.

   e.g.) Deliver to Leo Trading Co., LTD.(Endorser, Signature)

2. 지시식 배서(Order Endorsement)

   e.g.) To order, Order of Trading Co., LTD.(Endorser, Signature)

3. 백지식 배서(Blank Endorsement)

   피배서인명을 기재하지 않고 배서인이 서명만 하는 방법이다.

   e.g.) Deliver to _____(Endorser, Signature)

4. 소지인식 배서(Bearer Endorsement)

   Bearer라고 기입하고 배서인이 서명하는 형식이다.

   e.g.) Leo Trading Co., LTD. or bona fide holder(Bearer)(Endorser, Signature)

(4) 유통성에 따른 구분

① Negotiable B/L(유통선하증권): 원칙적으로 B/L은 유통이 가능하므로 유통이 금지된 B/L을 제외한 B/L은 유통선하증권이다. 유통의 대상이 되는 B/L은 원본이어야 하며 "Original" 또는 "Negotiable"로 표시된다.

② Non-Negotiable B/L(비유통성선하증권): 선하증권의 유통을 제한한 형태의 B/L이다. 일반적으로 기명식 B/L의 경우가 이에 해당하며, 유통성 선하증권의 경우에도 사본이 발행되면 "Non-Negotiable", "Copy" 등과 같은 문구가 표시되고 원본만이 유통가능하다.

(5) 운송주선업자 관련 선하증권

① Master/Groupage B/L(집단선하증권): 혼재를 위하여 운송주선업자가 실제 운송인인 선사로부터 발급받은 B/L을 말한다.

② House/Forwarder's B/L(운송주선업자 선하증권): 운송주선업자가 Master B/L을 근거로 자신과 운송계약을 체결한 화주에게 발행하는 B/L이다. LCL화주와 운송주선업자 사이에서만 유효하다.

(6) 기타

① Through B/L(통선하증권): 선사가 다른 선사 또는 타 방식의 운송인의 운송과 결합된 전체운송(통운송)에 대하여 발행하는 B/L이다. 이때 발행인은 자신이 수행하는 운송 이외의 구간에 대하여는 사고 발생 시 책임지지 않음을 기재할 수 있다. 통선하증권의 발행인은 송하인을 대신하여 계약을 체결하는 대리인에 불과하므로 전체 운송구간에 대하여 책임을 지는 복합운송증권과 구별된다.

② Transhipment B/L(환적선하증권): 운송 중 환적이 있는 경우 이를 표시하여 발행되는 B/L이다.

③ Third Party B/L(제3자 선하증권): B/L상 송하인과 L/C상 수익자(Beneficiary)가 다른 B/L을 말한다. 중계무역이나 가공무역, 외주가공 등에서 흔히 나타나는 형태이다. 신용장상 금지 규정이 없는 경우 수리된다.

④ Switched B/L: 선적항(POL: Port of Loading)에서 발행된 B/L의 송하인, 수하인, 착화통지처(Notify Party) 등의 내용이 변경되어 발행된 B/L을 말하며 "Switched"로 표시된다. 중계무역 등에서 사용하거나 신용장의 조건을 충족시키기 위한 용도로 사용된다. 일반적으로 수취장소, POL, POD, 물품명세 등은 변경이 불가하다.

⑤ Stale B/L(기간경과 선하증권): 서류제시일 기준으로 선적일이 일정기일 경과된 B/L을 말한다. 신용장 조건상의 제시기일(UCP상의 기준일은 21일)을 경과한 경우 "Stale B/L Acceptable"과 같이 표시하여 특별히 허용한 경우가 아니면 거절된다. BWT 거래에서 흔히 발생한다.

⑥ Back-dated B/L(선 선하증권): 화물의 실제 선적일보다 이전 일자를 표시하여 발행된 B/L이다. 매매계약이나 신용장의 조건을 편법으로 충족시키기 위해 발행되는 경우가 있다.

⑦ Long/Short Form, Blank Back B/L(정식/약식, 이면 백지 선하증권): 일반적으로 B/L의 뒷면에 운송계약의 약관이 기재되는데, 전부 기재된 경우 Long Form이라 한다. 일부만 기재하거나 전체를 생략하여 원본 약관은 참조(Reference)만 두고 따로 확인하도록 한 경우 Short Form B/L, Blank Back B/L이라 한다. UCP상 운송조건이 직접 또는 참조를 통해 B/L에 포함되어 있어야 한다.

⑧ Electronic B/L(전자식 선하증권): 종이 선하증권이 아닌 전자적으로 발행되어 EDI방식으로 전송되고 유통되는 B/L을 말한다. '전자식 선하증권에 관한 CMI규칙'에서는 운송인이 Private Key(개인암호)를 통하여 그 보안 및 진위를 관리한다.

⑨ Surrender B/L: 송하인이 원본 B/L을 선사에 제출하고 원본 B/L없이 화물을 수하인에게 교부하도록 한 B/L이다. B/L상에 "Surrendered"로 표시되며 근거리 해상운송에서 원본 B/L의 송부가 늦어지는 경우(소위 Crisis of B/L; B/L의 위기) 등에 사용되나 위험이 따르므로 주의가 요구된다. Express B/L, Telex Release라고도 한다.

⑩ Red B/L(적색 선하증권): 운송과 보험을 결합한 형태로 발행된 B/L로 선사가 보험사에 단체로 보험을 부보하고 운임에 보험료를 추가하여 청구한다.

⑪ Charter Party B/L(용선계약 선하증권): 정기선이 아닌 용선계약에 의한 운송 시 발행되는 B/L이다. UCP하에서는 용선계약에 의한 운송이 아닌 경우 B/L, MTD(Multimodal Transport Document), SWB(Sea Waybill)에는 용선계약에 따른다는 표시가 없어야 수리된다.

⑫ Countersign B/L(부서부 선하증권): 운임후불 또는 기타 채무가 있는 경우 해당 금액을 선사에 결제하면 B/L에 선사가 표시하여 확인하는데 이러한 표시가 된 B/L을 말한다.

4. B/L의 기재사항

[1] 법정기재사항

① 선박의 명칭·국적 및 톤수

② 송하인이 서면 통지한 운송물의 종류, 중량 또는 용적, 포장의 종별, 개수와 기호

③ 운송물의 외관상태

④ 용선자 또는 송하인의 성명·상호

⑤ 수하인 또는 통지수령인의 성명·상호

⑥ 선적항

⑦ 양륙항

⑧ 운임

⑨ 발행지와 그 발행연월일

⑩ 수통의 선하증권을 발행한 때에는 그 수

⑪ 운송인의 성명 또는 상호

⑫ 운송인의 주된 영업소 소재지

[2] 임의기재사항

항해번호, 운임 지불지 및 환율, 적요(Remarks), 면책약관(이면약관) 등

BILL OF LADING의 예

Shipper/Exporter 　LEO TRADING CO. LTD. 　1. Shinsa-Dong, Gangnam-Gu, SEOUL, KOREA			B/L No.: ACSK-F41141004		
Consignee 　TO ORDER OF CITI BANK 　San Jose, CA. 95102			Received by the carrier from the Merchant in apparent good order and condition unless otherwise indicated herein the Goods, or the Container(s) or other package(s) or unit(s) said by the Merchant to contain the cargo herein mentioned, to be carried subject to all the terms and conditions contained or incorporated in this Bill, including both front and back pages where issued in paper form and Carrier's Tariff rules and regulations by the vessel named herein or any substitute at the Carrier's option and/or other means of transportation including the use of feeder ship, barges, tracks or rail cars from the place of receipt or the boarding port to the port of discharge or place of delivery shown herein and there to be delivered unto order or assigns. In accepting this Bill whether in paper or electronic form, the Merchant agrees to be bound by all the stipulations, exceptions, terms and conditions contained or incorporated in this bill whether written, typed, stamped or otherwise, and as well, to be bound by the Carrier's Tariff rules and regulations, which are deemed incorporated herein all of which supersede all previous agreements, including booking notes, dock and mate's receipts and like any local customs or privileges to the contrary notwithstanding.		
Notify Party Pineapple Computer Ltd. 801 Infinite Loop, Cupertino, CA. USA					
Pre-Carriage by		Place of Receipt 　BUSAN, KOREA			
Ocean Vessel: Black Pearl		Voyage No.: 1234E	Flag: Panama		
Port of Loading		Port of Discharge	Place of Delivery	Final Destination (For the Merchant Ref.)	
BUSAN, KOREA		Long Beach, USA	Long Beach, USA	Cupertino, CA. USA	

Container No.	Seal No. Marks & No	No. & Kinds of Containers or Packages	Description of Goods	Gross Weight	Measurement
ISCU1104	SFS2546SFS	15 CTN	DISPLAY PANEL ASC-124 (100 SETS)	431 KGS	5 CBM

Freight and Charges As Arranged. Ocean Freight B.A.F. C.A.F C.F.S.	Revenue tons 5 CBM	Rate	Per	Prepaid	Collect

Freight prepaid at 　Busan	Freight payable at	Place and Date of Issue Nov. 13. 20xx Seoul 　(Signature)
Total prepaid USD188.40	No. of original B/L Three(3)	
Laden on board vessel Date Nov. 15. 20xx　　　　　(Signature)		Caribbean Shipping Co. Ltd. as agent for a carrier, Pirate Liner Ltd.

Ⅱ 해상화물운송장(SWB; Sea Waybill)

해상화물운송장은 B/L과 같이 해상운송에서 발행되는 운송서류로 운송계약과 화물수취를 증빙하지만 B/L과 달리 화물의 인도청구에 필요한 상환증권으로서의 성질이 없고 운송서류의 양도에 의한 물품 소유권의 이전이 불가하므로 유통성도 없다.

즉, 해상화물운송장은 화물수취증으로서 송하인을 기재한 기명식으로만 발행되며, 화물의 인도청구 시 원본을 제출할 필요 없이 본인확인에 의하여 화물이 인도되는 비유통성의 운송서류이다.

Ⅲ 항공화물운송장(AWB; Air Waybill)

항공운송인(또는 대리점)이 발행하는 운송장이다. 해상화물운송장과 같이 운송계약과 화물 수취를 증빙하지만 권리증권이 아니다. 보통 IATA[11] 양식에 따라 발행되며 항공화물수탁서(Air Consignment Note)로 불리기도 한다.

Ⅳ 복합운송증권

1. 복합운송증권이란

복합운송증권(MTD/CTD: Multimodal/Combined Transport Document)은 복합운송인이 복합운송의 전 구간에 대하여 발행하는 운송서류이다.

2. 복합운송증권의 특징

(1) 복합운송 각 구간의 실제 운송인이 다르더라도 전체 운송구간을 포괄하여 하나의 운송증권이 발행된다.

(2) 복합운송인은 전 구간에 대하여 책임을 진다.

(3) 실제 운송인뿐 아니라 복합운송주선인에 의해서도 발행[12]된다.

3. 발행 형태

(1) B/L 형식 복합운송증권

　　Multimodal Transport Bill of Lading 또는 Combined Transport Bill of Lading과 같은 명칭으로 B/L의 형식으로 발행되는 경우이다.

(2) CTD(Combined Transport Document)

　　ICC의 '복합운송증권에 관한 통일규칙(Uniform Rules for a Combined Transport Document, 1975)'에 규정된 복합운송증권으로 유통성, 비유통성의 형태로 발행 가능하다.

(3) MTD(Multimodal Transport Document)

　　'UN 국제복합운송협약(United Nations Convention on International Multimodal Transport of Goods, 1980, 미발효)' 및 UNCTAD와 ICC의 '복합운송증권에 관한 UNCTAD/ICC 규칙(UNCTAD/ICC Rules for Multimodal Transport Document, 1991)'에서 복합운송증권을 지칭하는 용어이다. 화주의 선택에 의해 유통성 또는 비유통성으로 발행될 수 있다.

---

11) IATA(International Air Transport Association): 국제항공수송협회. 1945년 결성된 민간항공사들의 모임으로 국제항공 운임의 결정 등이 IATA를 통해 이루어지며 가맹사에 구속력을 행사하는 일종의 국제카르텔이다.

12) FIATA(International Federation of Forwarding Agent Association) 국제운송주선인협회연맹이 제정한 기준에 의한 FBL(FIATA B/L)이 이에 해당한다. FIATA B/L은 유통 가능한 유가증권으로 발행된다.

Ⅴ 육상운송서류

육상운송에서 발행되는 도로 화물수탁증(Road Consignment Note)과 철도 화물수탁증(Railway Consignment Note)은 운송인의 화물수취 및 운송계약의 추정적 증거가 된다. 일반적으로 유통성이 없는 운송서류이다.

I Commercial Invoice(상업송장)

1. Invoice란

무역거래 시 기본적으로 사용되는 선적서류(Shipping Document)로 매도인이 작성한다. Invoice에는 물품의 명세와 수량, 가격 등이 자세히 기재되어 있으므로 매도인이나 기타 당사자들은 이를 통해 계약 또는 기타조건과 물품이 일치하는지 판단할 수 있다. 이외에도 물품의 명세서, 대금의 정산 및 청구 등의 기능을 하며 통관을 위한 기본 서류로 반드시 요구된다.

2. Invoice의 종류

(1) Commercial Invoice(상업송장)

가장 일반적인 형태의 송장이다. 그 용도나 내용에 따라 Shipping Invoice(선적송장), Consignment Invoice(위탁매매송장), Sample Invoice(견품송장) 등으로 나눈다.

(2) Pro forma Invoice(견적송장)

Commercial Invoice발행 이전의 가(假)송장으로, 매수인의 견적(Quotation)에 대해 송장의 형식으로 발행하는 견적서이다. 이후 단가나 명세 등이 변경될 수 있으므로 상업송장으로서의 구속력은 인정되지 않는다.

(3) Official Invoice(공용송장)

Invoice는 매도인이 발행하며 원칙적으로 공증이나 인증 등이 요구되지 않지만 경우에 따라 그 내용을 객관적으로 확인하기 위해 수출국 주재 수입국 영사의 확인을 요구하는 Consular Invoice(영사송장)과 수입국 세관의 특정 양식에 따라 작성하는 Customs Invoice(세관송장)이 사용되기도 한다.

COMMERCIAL INVOICE의 예

①Shipper/Seller LEO TRADING CO., LTD. 146-1 Sinsa-dong, Gangnam-Gu, Seoul, Korea.		⑧No. & date of invoice 124512/May.27, 20xx
		⑨No. & date of L/C IMP20748 March 15, 20xx
②For account & risk of Messers. Pineapple Computer Ltd. 801 Infinite Loop, Cupertino, CA. USA		⑩L/C issuing bank CHASE BANK C.A. under L/C No. 234234-32N
		⑪Remarks: Details are as per P/O No. PA-070313 Origin: Republic of Korea
④Port of loading Busan, Korea	⑤Final destination Long Beach, U.S.A.	⑫Payment Terms Letter of Credit. At sight
⑥Carrier Black Pearl	⑦Sailing on or about June 15, 20xx	⑬Price Term: CIF Long Beach, U.S.A.

⑭Marks & numbers of Pkg	⑮Description of Goods	⑯Quantity	⑰Unit-price	⑱Amount
"Pineapple" IN TRIANGLE C/NO: 1-25 USD 1,500.00 ITEM: DISPLAY PANEL SIZE: QTY:	DISPLAY PANEL ASC-124	150 SETS	USD100.00	USD 15,000.00

///

E-mail:
fax No.:
Tele No.:

⑲LEO TRADING
Manager _____

Ⅱ Packing List(P/L; 포장명세서)

Invoice와 함께 발행되며 물품의 포장방법과 세부내역을 나타내는 서류이다.

📖 더 알아보기

PACKING LIST의 예

①Shipper/Seller LEO TRADING CO., LTD. 146-1 Sinsa- dong, Gangnam-Gu, Seoul, Korea.			⑦Invoice No. and date 124512/May. 27, 20xx		
②Consignee Pineapple Computer Ltd. 801 Infinite Loop, Cupertino, CA. USA			⑧Buyer(if other than consignee)		
			⑨Other references Details are as per P/O No. PA-070313 Origin: Republic of Korea		
③Departure date June 15, 20xx					
④Vessel/flight Black Pearl	⑤From Busan, Korea				
⑥To CIF Long Beach, U.S.A.					
⑩Shipping Marks	⑪No.&kind of packages	⑫Goods description	⑬Quantity or net weight	⑭Gross-Weight	⑮Measurement
"Pineapple" IN DIAMOND C/NO: 1-25 USD 1,500.00 ITEM: DISPLAY PANEL SIZE: QTY:	C/NO: 1-25 25 CTNS	DISPLAY PANEL ASC-124	15 kg/CTN 375 kg	405 kg	2.5 CBM

1 Pallet

Pine Apple

Cupertino

Made in Korea

LEO TRADING

Manager _____

1. Certificate of Quality/Inspection(품질/검사증명서)

물품의 특성에 따라 그 품질이나 등급 등에 대한 검사 이후 발급받는 증명서이다. 발행기관이나 검사인 등에 대하여 매매계약상 합의한 대로 발행되어야 한다.

2. Certificate of Origin(C/O; 원산지증명서)

해당 물품의 원산지를 증명하는 서류로 크게 GSP, FTA 등에서와 같이 관세혜택을 위한 특혜원산지증명서(Preferential C/O)와 수입요건이나 규제 등의 확인을 위한 비특혜원산지증명서(Non-preferential C/O)로 구분된다. 각 용도별, 협정별로 양식이 다르므로 주의해야 하며 최근 FTA의 확산에 따라 더욱 다양한 양식이 사용되고 있다.

3. 기타

거래의 형태나 물품의 종류에 따라 Certificate of Weight, Certificate of Analysis, Health Certificate, Phytosanitary Certificate, MSDS(Material Safety Data Sheet) 등 다양한 종류의 확인서 및 증명서들이 사용될 수 있다.

Chapter 6 국제운송 협약

Ⅰ 해상운송 규칙

1. 헤이그 규칙(Hague Rules)

1924년 Brussels에서 개최된 제5차 해상법에 관한 국제회의(International Conference on Maritime Law)에서 채택된 '선하증권에 관한 통일규칙을 위한 국제협약(International Convention for the Unification of Certain Rules of Law Relating to Bills of Lading)'을 말한다. 1931년 비준국 간에 발효하였으며 영국 해사법위원회의 초안이 채택된 회의를 모체로 하여 헤이그 규칙으로 불린다.

선하증권의 발행에 관한 규정을 통일하기 위한 목적으로 제정되었으며 운송인의 감항성 담보 등에 관한 주의 의무와 면책사항, 소위 면책카탈로그를 열거하고 항해과실은 면책으로 하고 있다. 운송인의 화물에 대한 배상 책임한도를 규정하고 있으며 적재로부터 양륙까지(From loading to discharging)를 책임구간으로 하고 있다.

2. 헤이그-비스비 규칙(Hague-Visby Rules)

1968년 Brussels에서 채택된 '선하증권통일조약 개정의정서(Protocol to Amend the International Convention for the Unification of Certain Rules of Law Relating to Bills of Lading)'로 Visby Rule로도 불린다. Hague Rules와 Visby Rules의 개정조항을 함께 헤이그-비스비 규칙으로 통칭한다.

3. 함부르그 규칙(Hamburg Rules)

선주 위주의 기존 통일조약에 대한 문제제기로 1978년 Hamburg에서 채택된 'UN해상물품운송협약(United Nations Convention on the Carriage of Goods by Sea, 1978)'을 말한다.

해상운송의 약자인 개도국 화주의 입장을 반영하여 운송인의 책임을 무겁게 하고 있다. 운송인의 책임구간을 운송품의 수취로부터 인도까지 확대, 운송인의 책임으로 인도지연 명시, 책임한도 상향, 제소기간의 연장 등과 운송인의 항해과실면책, 선박운영상의 과실면책, 선박 화재 면책조항 등을 폐지하였다. 오랜 동안 발효되지 못하다가 1992년 정식 발효하였다.

4. 해상화물운송장 및 전자식 선하증권에 관한 CMI규칙

1990년 국제해사위원회(CMI: Committee Maritime International)에서 채택한 '해상화물운송장에 관한 통일규칙(CMI Rules for Sea Waybill)'과 '전자식 선하증권에 관한 규칙(CMI Rules for Electronic Bills of Lading)'을 말한다. 후자는 EDI메시지로 선하증권을 전송하고 관리하는 전자선하증권에 적용되는 규칙이다.

5. Rotterdam Rules

UN국제무역법위원회(UNCITRAL)의 주도로 2008년 유엔총회에서 공식 채택된 'United Nations Convention on Contracts for the International Carriage of Goods Wholly or Partly by Sea'을 말한다. Hague와 Hamburg 체계로 양분된 운송규범을 통일하기 위하여 마련된 규정으로 컨테이너 운송에 적용되며 운송인의 책임을 강화하고 책임구간을 수령 시로부터 인도 시까지로 하고 있다. 해상운송이 일부 포함된 운송에도 적용하도록 하고 있어 해상운송 구간을 포함하는 복합운송에도 적용될 수 있도록 하였다.

Ⅱ 복합운송 규칙

1. UN 국제복합운송협약

1980년 채택된 'United Nations Convention in International Multimodal Transport of Goods'를 말한다. 절충형 단일책임체계(Modified Uniform System)를 채택하고 운송인의 책임을 강화한 Hamburg Rules를 기본으로 구상되었으나 선진국 등 다수 국가의 참여가 저조하여 아직 발효되지 못하고 있다.

2. 복합운송증권통일규칙

ICC의 '복합운송증권통일규칙(ICC Uniform Rules for a Combined Transport Document, 1973. ICC Publication No. 298)'이 1991년까지 적용되다가 UNCTAD/ICC '복합운송증권에 관한 통일규칙(UNCTAD/ICC Rules for Multimodal Transport Documents)'으로 대체되었다.

이 규칙에서 복합운송인은 복합운송증권을 발행하고 전 운송구간에 대해서 책임을 지며, 이종책임체계(Network Liability System)를 채택하여 손해발행구간이 판명된 경우와 판명되지 않은 경우를 구분하여 규정하고 있다. FBL이 이를 근거로 발행된다.

Ⅲ 기타 운송 규칙

1. 항공운송 규칙

(1) 바르샤바 협약(Warsaw Convention)

1929년의 '국제항공운송에 관한 일부규칙의 통일에 관한 협약(Convention for the Unification of Certain Rules Relating to International Transportation by Air, The Warsaw Convention, 1929)'을 말한다. 항공사의 승객, 수하물 및 화물에 대한 책임한도에 대해 규정하고 있다.

(2) 몬트리올 협약(Montreal Convention)

Warsaw Convention 이후 1955년 '헤이그 의정서(Hague Protocol)'부터 1996년 '국제항공운송협회 항공사 간 협정(IATA Intercarrier Agreement)'까지의 일련의 개정과정들을 통합하여 국제민간항공기구(ICAO)에 의해 1999년 채택된 협약(Convention for the Unification of Certain Rules Relating to International Transportation by Air, The Montreal Convention, 1999)이다. 우리나라, 중국, 일본 등 100여개 국가가 가입되어 있다.

2. 육상운송 규칙

(1) 국제도로운송

'제네바 국제협약(Convention de Marchandises par Route: CMR Convention, 1956)'으로 1961년 발효되었다. 운송경로의 일부에 해상운송이 포함되어 있는 경우라도 선상의 도로차량(Road Vehicle)에 물품이 적재되어 있는 경우 전 운송구간이 국제도로운송으로 간주된다.

(2) 국제철도운송

'국제물품운송협약(Convention International de Marchandises: CIM Convention, 1970)'으로 1975년 발효되었다. 국제철도화물운송을 규율하며 이에 의해 국제 철도운송 화물수탁증(CIM Rail Haulage Consignment Note)이 발행된다.

PART 4

무역대금의 결제

Ⅰ 송금방식(Remittance)

1. 송금방식이란

가장 간단한 결제 방식으로 물품 대금을 매도인에게 송금하는 방법이다.

단순히 외환취급, 계좌이체, 송금수표 등을 이용하기 위해 은행·우체국을 통해서 대금이 결제될 뿐 환어음의 발행이나 복잡한 금융·결제 서비스가 필요 없다. 추심이나 신용장거래에서 발생하는 수수료가 절감되며 어음법이나 추심/신용장 통일규칙 등의 적용대상도 아니다.

주로 신뢰관계가 확실한 당사자 간에 사용되며 선적서류 등의 상업서류는 당사자 간 직접 또는 대리인을 통해 주고받게 된다.

2. 송금방식의 종류

(1) 전신환 송금(T/T: Telegraphic Transfer)

송금의뢰인의 송금은행이 지급은행에 지급지시서(Payment Order)를 전신으로 송부하여 지급하는 방식으로 신속하게 송금지시가 송부되므로 가장 널리 사용되는 방식이다.

서신이나 상업서류에 SWIFT Code[13)]에 대한 언급이 있는 경우 전신환 방식으로 이해할 수 있다.

(2) 우편환 송금(M/T: Mail Transfer)

송금은행의 지급지시서가 우편으로 송부되는 방식이다.

(3) 송금수표(D/D: Demand Draft)[14)]

매수인이 수표를 발행하여 송부하면 매도인이 이를 은행에 제시하여 지급 받는 방법이다. 개인수표(Personal Check)도 송금수표로 사용이 가능하지만 은행이나 우체국 발행 수표인 Money Order, Cashier's Check이 선호된다.

---

13) SWIFT(Society of Worldwide Inter-bank Financial Communication; 국제은행 간 통신협점): 은행 간의 업무처리를 위한 통신방식으로 과거의 Telex를 대신하여 사용된다.

SWIFT Code는 네트워크상 금융기관 식별번호로서 송금업무 뿐 아니라 신용장 등 업무에 널리 사용된다. 송금방식에서 매도인(수취인)이 자신의 거래은행 Code를 포함한 결제정보를 매수인(송금인)에게 통지한다.

14) Demand Draft: 본래 '일람불(Sight)어음'을 의미하나 송금수표로 은행을 지급인으로 하는 Demand Draft가 많이 사용되어 수표로 송금하는 방식이 D/D로 통칭된다.

3. 결제시기에 따른 분류

송금 방식에 의한 대금지급의 시기를 물품 또는 서류의 인도를 기준으로 하여 선지급, 동시지급 또는 사후지급 방식으로 구분[15]할 수 있다.

(1) 선지급(Advance Payment)

물품의 인도시점보다 먼저 대금을 지불하는 경우이다. 주문 시 대금을 선지급하는 주문불(CWO: Cash with Order)이 대표적인 유형이며 Payment in advance, T/T in advance, Cash in Advance, Advance Remittance 등의 표현도 같은 조건의 결제방식이다.

매수인의 자금 부담이 크고, 물품 인수의 보장이 없기 때문에 상업위험이 높다. 소액의 샘플 거래나 장기간의 거래관계로 신용이 있는 당사자 사이의 거래에 이용된다.

(2) 동시지급(Concurrent Payment)

물품 또는 서류의 인도와 동시에 대금지급이 이루어지는 경우를 말한다.

① 현물상환(COD: Cash on Delivery) 방식: 수입국의 매수인이 물품을 검사한 후 대금을 지급하는 방식으로 현물인도지급이라고도 한다. 물품이 수입국 내에서 점검매매(Sale by Inspection)되는 방식이므로 CAD보다 매도인에게 불리하며 주로 품질 및 수량차이에 민감한 귀금속 등의 고가품 등의 거래에 이용된다. 수입국에서 매도인의 대리인에 의해 진행되는 경우가 일반적이나 수출국에서 매수인의 대리인에 의해 진행되기도 한다.

② 서류상환(CAD: Cash Against Documents) 방식: 매도인이 물품을 매수인에게 선적한 후 매수인 또는 그의 대리인에게 선적서류를 제시하고 대금을 지급받는 방식으로 서류인도지급이라고도 한다. 선적 후 대금회수의 기간이 비교적 짧아 매도인에게는 COD보다 유리하다.

수출국에서 매수인의 대리인에게 서류를 제시하거나 수입국의 매수인 본인 또는 대리인(은행인 경우도 있음)에게 제시하고 대금의 지급과 함께 서류를 인도한다.

(3) 사후 송금(Later/Deferred Payment)

① 외상거래: 대표적인 사후송금 방식으로 Open Account(O/A)를 들 수 있다. O/A거래에서는 매도인이 물품 인도 후 일정 기일(보통 30~90일) 이후에 대금을 지급받기로 약정하는데 매도인으로서는 결제에 대한 별도의 안전장치 없이 물품을 인도하게 되므로 가장 위험이 큰 결제방식이다. 반면에, 매수인은 환어음 지급의무 또는 신용장 개설 등에 대한 부담 없이 자신의 신용만으로 매도인으로부터 수입대금에 대한 금융을 제공받게 되므로 O/A조건의 거래를 선호하게 되어 매도인의 경쟁력이 강화된다.

매도인은 O/A거래의 매출채권을 은행 등에 매각(O/A Nego, Factoring 등)을 통해 조기에 대금회수를 할 수도 있다.

② 청산계정: Open Account는 청산계정, 상호계산계정(Current Account)을 지칭하기도 한다.

이는 장기간 거래가 빈번한 당사자 간 거래대금을 상계(Set-off)하는 계정을 두어 매 건별로 지급하지 않고 상계한 후 일정 기간 동안 결산된 잔액만을 결제하는 방식[16]이다.

---

15) 선적시기를 기준으로 하여 분류하는 경우에는 선지급과 사후지급의 2가지로 분류하기도 한다. 이 경우 매도인의 선적이 전제되는 CAD, COD가 사후지급으로 분류된다.

16) 우리 외국환거래법(제16조)에서 '상계 등의 방법으로 채권·채무를 소멸시키거나 상쇄시키는 방법으로 결제'하는 경우에 대해 규정하고 있으며 외국환거래규정(제5-5조)에서 '상대방과의 거래가 빈번하여 상호계산방법으로 지급 등을 하고자 하는 자'는 외국환은행에 신고하도록 하고 있다.

Ⅱ 환어음(Bill of Exchange)

1. 환(換, Exchange)

송금, 추심 등과 같이 결제의 매개로서 현금을 사용하지 않고 대체하여 처리하는 방법을 말하는데 수표, 송금환, 어음[17] 등이 이에 속하며 환거래는 주로 은행과 같은 금융기관을 통해 이루어진다.

환은 지급수단(수표)으로서와 신용수단(약속어음, 환어음)으로서의 효용을 가진다.

국내거래를 내국환거래, 국가 간 외화거래를 외국환거래라고 하며, 송금환과 같이 대금의 결제가 채무자로부터 채권자에게로 이동하는 경우를 순환, 환어음과 같이 채권자로부터 채무자에게 이동하여 대금의 결제흐름과 반대되는 경우를 역환이라고 한다.

2. 환어음(Bill of Exchange/Bill/Draft)이란

채권자인 환어음 발행인(Drawer)이 채무자인 지급인(Drawee)에게 환어음에 표시된 일정 금액을 수취인(Payee)에게 일정한 일자와 장소에서 지불할 것을 무조건 위탁하는 증권이다.

무역거래에서 환어음은 물품매매계약상의 결제조건, 추심거래계약서상의 어음발행 조건, 신용장의 조건 등에 근거하여 발행된다.

환어음은 추심이나 신용장거래에서 대금결제를 위한 금융서류로 사용되며 무역거래에 있어 결제 메커니즘의 중추적 역할을 하고 있다.

> **영국 환어음법(BEA; Bills of Exchange Act)** §3
>
> A bill of exchange is an unconditional order in writing, addressed by one person to another, signed by the person giving it, requiring the person to whom it is addressed to pay on demand or at a fixed or determinable future time a sum certain in money to or to the order of a specified person, or to bearer.
>
> 환어음은 한 사람이 3자에게 서면으로 서명과 함께 송부하여 그 받는 자가 요구불로 또는 확정일 또는 확정 가능한 장래에 일정 금액을 지정된 자 또는 그의 지시 또는 소지인에게 지급할 것을 요구하는 무조건적인 지시이다.

---

17) 어음의 종류에는 환어음과 약속어음(Promissory Note)이 있다. 국내거래에서 주로 사용되는 약속어음은 채무자인 어음의 발행인(Maker)이 대금지급을 약속하는 유가증권으로 채권자가 지급을 요청하며 발행하는 환어음과 구별된다.

3. 환어음의 법적 성질

환어음은 일정한 형식과 기재사항에 따라 발행되어야 하는 요식(Formal)증권이며, 재산적 가치를 가지는 유가증권(Securities)이며 권리의 이전이 가능한 유통증권(Negotiable Instrument)으로 그 권리가 기재된 문언에 의해서만 정해지는 문언증권성이 있고 환어음의 발행원인과 별개로 독립하여 권리가 인정되는 무인(無因)성, 추상성을 가진다.

4. 환어음의 당사자

(1) 발행인(Drawer)

환어음을 발행하고 서명하는 자로 물품매매의 경우에는 매매대금의 채권자인 매도인이다.

(2) 지급인(Drawee)

환어음을 지급위탁을 받는 자 즉, 채무자로 매수인 또는 신용장부 어음의 경우 은행이 된다.

(3) 수취인(Payee)

환어음상의 대금 수령의 권리자로 지급인으로부터 지급을 받는 자이다. 어음의 발행방법 또는 배서방법에 따라 환어음에 기명된 수취인, 지급지시(To the order of ~)된 지시인 또는 소지인(Bearer)이 된다. 발행인과 수취인이 같을 수도 있고(자기지시어음), 발행인이 지정하는 제3자가 될 수도 있다. 매입신용장의 경우 매입은행이 수취인이 된다.

5. 환어음의 종류

(1) 발행지와 지급지에 따른 구분

① 내국환어음(Domestic/Inland Bill): 국내거래에서 사용되는 환어음이다.

② 외국환어음(Foreign Bill of Exchange): 무역거래에서 사용되는 발행지와 지급지가 다른 국가인 환어음이다.

(2) 상업서류의 동반 여부에 따른 구분

① 무화환어음(Clean Bill of Exchange): 환어음 이외의 운송서류와 같은 선적서류 없이 발행된 환어음으로 무담보어음이라고도 한다.

② 화환어음(Documentary Bill of Exchange): 어음이 다른 선적서류와 함께 발행되어 첨부되는 경우를 말한다. 환어음의 지급(Payment) 또는 인수(Acceptance)와 상환으로 선적서류를 교부하도록 한 경우 이러한 서류가 담보역할을 한다. 대부분의 무역대금결제에는 화환어음이 사용된다.

(3) 만기일(Maturity)에 따른 구분

① 일람불/요구불어음(Sight/Demand Draft): 어음이 제시(Present)되면 즉시 지불되는 조건으로 제시일이 만기일이 된다.

② 기한부어음(Tenor/Usance/Time/Term Draft): 어음의 제시일 또는 기준일로부터 일정 기간 후에 지불되는 어음으로 다음과 같이 나뉜다.

　　㉠ 일람 후 정기출급(After Sight): 어음이 제시되면 지급인이 해당 환어음의 만기일에 지급할 것을 약속하는 취지의 날인을 한다. 이를 인수(Acceptance)라고 하며 이 인수일로부터 일정기일 후가 만기일이 된다. '30 d/s'(Days After Sight)로 표시된 경우 제시일에 인수하고 30일 후에 지급한다.

　　㉡ 발행일자(일부) 후 정기출급(After Date): 발행일로부터 일정기일 경과 후 지급되는 방식으로 "30 days after date(30 d/d)"와 같이 표기된다.

　　㉢ 기타: 선적일(Date of Shipment) 등의 특정일을 만기일로 하거나 이를 기준으로 일정기일 후 지급되도록 발행될 수 있다.

(4) 상환청구권의 유무에 따른 구분

① 상환청구/소구(遡求) 가능어음(Recourse Bill): 환어음에 대한 인수·지급거절이 있을 경우, 해당 환어음의 선의의 소지인(Bona fide[18] Holder)이 어음발행인 또는 이전 배서인(Endorsor)에게 대금의 상환을 청구할 수 있는 어음을 말한다.

② 상환청구/소구 불능어음(Without Recourse Bill): 지급인의 인수·지급거절이 있어도 상환청구가 불가능한 어음이다. 우리 어음법[19]상 모든 어음은 상환청구가 가능한 것으로 본다.

(5) 개인어음과 은행어음

환어음의 지급인(Drawee)이 은행인 어음을 은행어음(Bank Bill)이라고 하며 개인이 지급인인 어음을 개인어음(Private Bill)이라고 한다.

신용장의 경우 은행어음이며, 신용장 통일규칙(UCP 600)에서는 개설의뢰인(Applicant)을 환어음의 지급인으로 하는 신용장을 금지하고 있다. 한편, 추심에서 사용되는 어음은 지급인을 매수인으로 하는 개인어음이다.

(6) 추심과 신용장에 사용되는 화환어음

① 화환추심어음(Bill of Documentary Collection): 화환추심방식에서 발행되는 환어음을 말한다. 매수인이 지급인이 되며 기본적으로 지급인도(D/P)의 경우 'Sight Bill'이, 인수인도(D/A)의 경우에는 'Tenor Bill'이 발행된다.

② 신용장부화환어음(Documentary Bill under L/C): 화환신용장의 조건에 의해 발행되는 환어음을 말한다. 개설은행을 지급인으로 발행된다.

6. 환어음의 양도

(1) 환어음의 양도방법

환어음은 유통 가능(Negotiable)한 유가증권으로 수취인 또는 지시인이 표시되어 있는 기명식과 지시식은 배서에 의해, 소지인식 또는 백지식은 교부에 의해 양도 가능하다.

(2) 배서(Endorsement)

배서란 어음에 일정한 사항을 기재(배서)하고 기명날인 또는 서명하여 유통하는 것을 말한다.

① 기명식[20] 배서(Full/Special Endorsement): 피배서인(Endorsee 즉, 이후의 수취인(Payee))의 명칭을 기재하는 방식이다.

② 지시식[21] 배서(Order Endorsement): 피배서인의 '지시에 따라(To the order of ~)'라는 문구를 기재하는 방식이다.

18] **Bona Fide**: 라틴어로 'In good faith'의 의미이다. 법률용어로서의 '선의'와 '악의(Malice)'는 도덕적인 가치평가가 아닌 어떠한 사실을 '알고 있었는지' 여부로 판단하는 개념이다.

　선의의 소지인은 해당 어음의 지급에 문제가 있는지 여부를 모른 채 표면적으로 정상적인 어음을 정당하게 취득한 자를 말한다.

19] **어음법 제43조(상환청구의 실질적 요건)**: 만기에 지급이 되지 아니한 경우 소지인은 배서인, 발행인 그 밖의 어음채무자에 대하여 상환청구권(償還請求權)을 행사할 수 있다.

　어음에는 행위지법이 적용되므로 외국에서 발행된 상환청구불능어음도 국내에서는 상환청구가 가능하다.

20] 우리 어음법에서 환어음은 지시식으로 발행하지 아니한 경우에도 배서에 의하여 양도할 수 있고 발행인이 환어음에 "지시금지"라는 글자 또는 이와 같은 뜻이 있는 문구를 적은 경우에는 그 어음은 지명채권의 양도 방식으로만, 그리고 그 효력으로써만 양도할 수 있다(제11조).

　영국환어음법(Bill of Exchange Act)에서도 유통금지(prohibiting transfer, or indicating an intention that it should not be transferable)의 문언이 있는 경우 유통성이 인정되지 아니한다(제8조)고 하여 우리 어음법과 같은 취지로 해석된다.

21] 영국 환어음법에서는 지시인식 어음이 지시인에게도 지급될 수 있도록 하고 있다(제8조).

③ 소지인식[22] 배서(Bearer Endorsement): 피배서인 또는 지시인을 지정하지 않고 소지인에게 지급하도록 하는 방식이다.

④ 백지식[23] 배서(Blank Endorsement): 피배서인 란을 공란으로 두고 기명날인하는 방법이다.

⑤ 배서금지[24] 배서(Restrictive Endorsement): 이후의 배서 또는 유통을 금지하는 문구를 넣어 배서하는 방법이다.

7. 환어음의 기재사항

① BILL OF EXCHANGE

No.   1504300

② For US$1,000,000.00

③ Date: MARCH, 20, 20xx
    Place: SEOUL, KOREA

④ At 30 days after sight of this FIRST Bill of Exchange(Second of the same tenor and date being unpaid) ⑤ pay to KOREA EXCHANGE BANK or to order of ② the sum of SAY U.S. DOLLARS MILLION ONLY.

Value received and charge the same to account of ⑨ PINEAPPLE COMPUTER., LTD. Cupertino, California. USA.

⑩ Drawn under CITI BANK, San Jose, C.A., USA. ⑪ L/C No. Y132-504NS00720 Dated March 15, 20xx

To: ⑥ CITI BANK, San Jose, C.A.
    ⑦ 1551 El Camino Real
    San Jose, CA. 10025. USA

⑧ LEO TRADING Co., LTD.
(SIGNATURE   )
PRESIDENT

이 환어음 제1권[25]을 일람 30일 후(동 발행권 및 일자의 제2권이 지급되지 않았다면) 하기의 금액을 한국외환은행 또는 그 지시에 따라 지급하여 주십시오. 미화(USD)백만달러정.
이 대가는 PINEAPPLE COMPUTER., LTD.의 계정으로부터 징구하십시오.
CITI BANK의 20xx년 3월 15일자 신용장 No. Y132-504NS00720에 근거하여 발행되었습니다.

---

22) 우리 어음법에서는 소지인식 배서를 백지배서와 같은 효력이 있는 것으로 본다(제12조). 또한 백지배서 이후 배서 없이 교부하여 양도하거나 백지식 또는 피배서인을 배서하여 양도도 가능하다(제14조).

23) 영국 환어음법상 마지막 배서가 백지배서인 경우 소지인에게 지급한다(제8조).

24) 영국 환어음법상 배서금지 배서가 있는 환어음은 당사자 사이에서만 유효하며 유통이 불가능하다(제8조).
   우리 어음법에서는 이후의 유통을 금지하는 배서는 '지시금지 배서'라고 하며, '배서를 금지'하는 배서는 이후에도 다시 배서가 가능하나, 해당 배서인은 그 이후의 피배서인에 대한 담보 책임이 없는 것으로 하고 있다(제15조).

25) 환어음 발행 시 3통을 발행하여 제1권과 제2권(First and Second Bill of Exchange) 중 하나를 지급인에게 제시하고, 제3권은 발행인이 보관한다.

필수기재사항	임의기재사항
① 환어음의 표시	⑨ 신용장 개설의뢰인, 결제인(Accountee)
② 금액(숫자 및 Sum of 알파벳으로 병기)	⑩ 신용장 개설은행(Issuing Bank)
③ 발행일과 발행지	⑪ 신용장 No.(환어음의 발행근거)
④ 만기일(Maturity)(상기는 일람30일후지급)	
⑤ 지급위탁문언(Pay to…), 수취인(Payee) 상기는 기명식, 지시식	기타 D/A, D/P표시, 환율, 이자 등의 문언은 임의기재사항이다.
⑥ 지급인(Drawee)	
⑦ 지급지	
⑧ 발행인(Drawer)의 기명날인	

8. 환어음 관련 법규와 준거법

외국환어음은 발행지와 지급지가 다른 국가이므로 준거법이 문제가 되는데, 어음의 발행, 배서, 양도, 인수, 지급 등의 어음행위에는 행위지의 법이 적용되므로 우리나라의 어음법, 영국의 환어음법(Bill of Exchange Act, 1882) 등과 같은 해당 국가의 국내법이 우선 적용된다.[26]

예를 들어, 한국에서 발행되고 영국에서 배서·양도되어 미국에서 지급되는 경우, 어음발행행위는 우리나라 어음법의 적용을 받게 되고 배서 및 양도행위는 영국, 그 지급행위에 관하여는 미국의 법률이 적용된다.

Ⅲ 추심(Collection)

1. 추심이란

매도인이 물품대금을 은행의 서류취급(Handing)을 통해 매수인에게서 지급받는 결제방식을 말하는데, ICC의 추심통일규칙(URC; Uniform Rules for Collection)의 정의는 다음과 같다.

"Collection" means the handling by banks of documents as defined in sub-Article 2(b), in accordance with instructions received, in order to:
ⅰ) obtain payment and/or acceptance, or
ⅱ) deliver documents against payment and/or against acceptance, or
ⅲ) deliver documents on other terms and conditions.

"추심"이란 은행이 접수된 지시에 따라 다음과 같은 목적으로 제2조 b항에 정의된 서류를 취급하는 것을 의미한다. i) 지급 및/또는 인수를 받거나 ii) 서류를 지급인도 및/또는 인수인도 하거나 iii) 기타 다른 조건으로 서류를 인도하는 것

---

26) 어음·수표법의 국제적 통일을 위해 UN에서 '환어음과 약속어음에 관한 통일법을 제정하는 협약', '환어음과 약속어음에 관한 법률의 저촉을 해결하기 위한 협약', '환어음과 약속어음의 인지법에 관한 협약' 등을 체결하여 1934년 발효하였다. 1942년까지 31개국이 서명하고 18개국이 비준하였으나 미국이 참여하지 않았고 영국은 인지법에 관한 협약에만 조인하여 영미법계의 어음법을 포괄하는 어음법의 국제적 통일에는 실패했다. 이외에도 각국의 국내법에 대한 표준을 제공하기 위해 '국제환어음및약속어음에관한UN협약'이 작성되었으나 발효되지 않았다.

2. 추심의 당사자들(Parties)

(1) 추심의뢰인(Principal)

추심을 의뢰하는 매도인을 말한다. 추심 의뢰 시 환어음을 발행하는 발행인(Drawer)이며 물품대금의 채권자이다.

(2) 추심의뢰은행(Remitting Bank)

추심의뢰인으로부터 추심을 의뢰받은 은행이다. 의뢰인이 발행한 환어음, 추심지시서(Collection Instruction), 상업서류 등을 매수인의 거래은행 앞으로 송부하여 추심을 의뢰한다.

(3) 추심은행(Collecting Bank)

추심의뢰은행을 제외한, 추심에 참여하는 모든 은행을 말한다.

(4) 제시은행(Presenting Bank)

추심의뢰은행으로부터 송부되어 온 환어음과 기타 서류를 추심지시서에 따라 지급인(Drawee)에게 제시하고 환어음의 지급/인수를 청구하는 은행을 말한다.

(5) 지급인(Drawee)

제시은행으로부터 추심서류의 제시를 받고 환어음을 인수·지급해야 할 매수인을 말한다.

3. 화환추심과 무화환(무담보)추심

(1) 무화환(무담보)추심(Clean Collection)

상업서류 없는 금융서류만의 추심을 말한다.

(2) 화환추심(Documentary Collection)

상업서류가 첨부된 금융서류 또는 금융서류 없이 상업서류만을 다루는 추심을 말한다. 선적서류와 같은 상업서류를 환어음의 인수 또는 지급과 상환으로 교부하도록 한 경우 이러한 서류가 담보역할을 한다. 대부분의 무역대금결제에는 화환추심이 이용된다.

4. 금융서류와 상업서류(URC의 정의)

(1) 금융서류(Financial Document)

환어음, 약속어음, 수표 및 이와 유사한 증서들로 금전 지급을 받기 위한 서류를 말한다.

(2) 상업서류(Commercial Document)

상업송장(Commercial Invoice), 운송서류(Transport Document), 권리증서(Document of Title) 및 이와 유사한 서류로 금융서류가 아닌 서류를 말한다.

5. D/P(지급인도)와 D/A(인수인도)

추심 시 서류인도의 시기를 기준으로 D/P와 D/A의 방식으로 구분하며, 어음의 지급 또는 인수에 대하여 서류를 인도한다.

(1) 지급인도(D/P: Document against Payment)

추심의뢰인(Principal)이 일람불어음(Sight Bill) 또는 기한부어음(Tenor Bill)과 함께 추심을 의뢰하면 제시은행이 지급인(Drawee)의 어음대금 지급(Payment)과 상환으로 송부된 서류를 교부하는 추심방식으로 어음지급서류인도, 지급도라고도 한다.

매도인의 입장에서 D/A에 비해 지급거절의 위험이 낮고, Sight payment의 경우 대금회수 기간이 짧으므로 유리한 방식이다. 또한 대금이 지급되지 않으면 서류도 인도되지 않으므로 물품회수 등 조치가 가능하다. URC에서는 원칙적으로 D/P의 추심지시와 함께 기한부환어음(Time Bill)을 사용하지 않도록 하고 있으나, 기한부환어음이 D/A, D/P가 명시되지 않은 채로 추심의뢰되면 은행은 D/P 조건으로만 인도한다. URC §7

(2) 인수인도(D/A: Document against Acceptance)

추심의뢰인(Principal)이 기한부어음의 추심을 의뢰하면 제시은행이 지급인(Drawee)의 어음인수(Acceptance)와 상환으로 송부된 서류를 교부하고, 환어음의 만기일에 대금을 지급받는 추심방식으로 어음인수서류인도, 인수도라고도 한다.

매수인의 입장에서는 대금지급이 물품 입수 후이므로 기한의 이익을 제공받는 유리한 거래방식이다.

(3) 추심의 장·단점

추심방식에서 발행되는 어음은 지급인이 매수인인 개인어음(Private Bill)이며, 신용장방식과는 달리 별도의 은행 등에 의한 지급보증이 따르지 않기 때문에 지급거절에 따른 위험은 모두 매도인이 부담한다. 경우에 따라, 추심의뢰인 또는 지급인의 신용이 높거나 추심의뢰인이 담보를 제공하는 경우 추심의뢰 시 환어음을 할인하여 대금을 선지급 받을 수도 있다.

매수인의 입장에서는 신용장 개설에 따른 비용을 절감할 수 있고, 선적이 완료된 후 서류가 송부되어 오므로 물품입수에 대한 위험이 적다. 대금지급도 선적 후 시점이 되며 D/A의 경우에는 인수시점부터 만기일까지 대금결제를 미룰 수 있다.

6. 추심거래 적용 규정: URC

추심과정에 대하여는 추심지시서에 준거문언이 있고 다른 별도의 합의나 해당국 법률 또는 규정에 위배되지 않는 한, ICC(국제상업회의소)의 추심에관한통일규칙(URC; Uniform Rules for Collections)의 적용을 받는다. URC는 1956년에 제정되어 3차례의 개정을 거쳤으며 최신개정은 1995년 ICC Publication No. 522(URC 522)이다.

7. 전형적인 추심의 진행

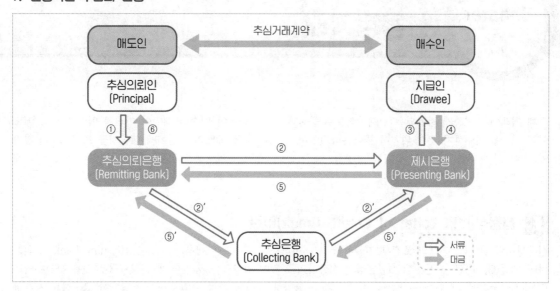

먼저 매도인과 매수인이 추심결제 방식의 매매계약을 체결한다.

① 매도인인 추심의뢰인(Principal)이 물품을 선적한 후 추심의뢰은행(Remitting Bank)에 선적서류 등 상업서류와 함께 환어음을 발행하여 추심을 의뢰한다.

② 추심의뢰은행이 추심에 필요한 사항을 기재한 추심지시서(Collection Instruction)와 함께 서류를 제시은행(②' 추심의뢰은행과 제시은행 사이에 다른 추심은행이 있는 경우 그 추심은행 경유)으로 송부한다.

③ 제시은행에 서류가 도착하면, 지급인에게 도착통지를 하고 D/A조건인 경우에는 인수와 상환으로, D/P조건인 경우에는 지급과 상환으로 서류를 인도한다.

④ 지급인으로부터 대금을 지급받는다.

⑤ 제시은행이 추심은행(⑤' 제시은행과 추심의뢰은행 사이에 다른 추심은행이 있는 경우 그 추심은행 경유)으로 대금을 송금한다.

⑥ 추심의뢰은행이 추심의뢰인에게 대금을 지급한다.

국제 거래에 빈번하게 사용되는 결제방식으로 물품대금의 지급인이 매수인 개인이 아닌 은행이 되므로 매도인이 대금을 회수하지 못할 위험이 줄어든다. 매수인은 신용장을 통해 매도인에게 대금지급 조건으로 선적기일 준수, 각종 무역서류의 구비 등을 요구할 수 있으므로 물품을 입수하지 못할 위험에 대비할 수 있는 결제조건이다.

Ⅰ 신용장(L/C: Letter of Credit, Credit)이란

신용장이란 간단히 '은행의 조건부 지급확약'을 의미하는데 매수인이 신용장 개설은행(Issuing Bank)에 의뢰하여 개설(Open)된다. 신용장 개설은행이 신용장의 조건에 일치하는 서류가 제시되는 경우 신용장의 수익자(Beneficiary)인 매도인에게 대금을 지급할 것을 확약하고 이에 따라 수익자가 신용장에서 요구하는 서류를 제시하여 이루어지는 결제방법이다.

> Credit means any arrangement, however named or described, that is irrevocable and thereby constitutes a definite undertaking of the issuing bank to honour a complying presentation.
>
> 신용장은 그 명칭이나 서술에 관계없이 개설은행이 일치하는 제시에 대하여 결제(honour)하겠다는 확약으로서 취소가 불가능한 모든 약정을 의미한다.
>
> Honour means:
> a. to pay at sight if the credit is available by sight payment.
> b. to incur a deferred payment undertaking and pay at maturity if the credit is available by deferred payment.
> c. to accept a bill of exchange("draft") drawn by the beneficiary and pay at maturity if the credit is available by acceptance. UCP §2
>
> 결제(honour)는 [다음을] 의미한다.
> a. 신용장이 일람불로 사용가능한 경우 일람지급으로 지급하는 것.
> b. 신용장이 연지급으로 사용가능한 경우 연지급을 확약하고 만기에 지급하는 것.
> c. 신용장이 인수로써 사용가능하다면 수익자가 발행한 환어음을 인수하고 만기에 지급하는 것.

Ⅱ 신용장의 효용과 특성 및 한계

1. 신용장거래의 장점

(1) 매도인의 입장

은행의 대금지급 확약으로 신용위험(Credit Risk)이 해소되며 선적 후 서류 매입(Negotiation)으로 신속한 대금회수가 가능하고 개설된 신용장을 근거로 내국신용장(Local L/C)을 개설하여 수출물품의 제조·구매에 소요되는 경비를 충당하는 등의 금융편의를 제공받을 수 있다. 일반적으로 신용장 방식은 매도인에게 더 유리한 방식으로 평가된다.

(2) 매수인의 입장

신용장은 대금의 무조건 지급이 아닌 일정한 서류의 제시를 조건으로 하는 지급확약이기 때문에 물품 입수불능의 상업위험(Mercantile Risk)을 간접적으로 완화할 수 있고 매도인이 선적일을 어기게 되면 대금지급을 받을 수 없으므로 물품을 적기에 인도받을 확률이 높아진다. 또한, 매수인의 신용이 은행의 신용으로 대체되기 때문에 매수인의 신용미비로 인한 거래기피를 방지할 수 있고 기한부(Usance)신용 장의 경우에는 만기일까지 대금지급이 유예되며, 수입화물대도(T/R; Trust Receipt) 등의 이용으로 자금 부담을 완화할 수 있다.

(3) 무역의 촉진 및 활성화

신용장은 무역거래의 위험을 완화하여 무역을 촉진시키고 매도인과 매수인 모두에게 금융혜택의 수단 으로 이용될 수 있다. 신용장 개설은 매매계약과는 독립된 별도의 계약이며 개설된 후 임의로 취소할 수 없기 때문에 계약유지에 도움이 된다.

2. 신용장의 특성

무역거래에 있어 특정 거래 또는 물품의 전문가가 아닌 은행이 개입하여 금융을 제공하는 것은 신용장이 가진 아래의 특성들이 보장되기 때문에 가능하다. 즉, 은행이 매도인과 매수인의 매매계약과는 별개인 신용장계약 하에서 실제 물품이나 매매 당사자의 의무이행과 관계없이 서류만을 다루어 거래에 큰 위험없이 개입할 수 있도록 하는 장치로 다음의 특성들이 작용한다.

(1) 독립성(Independency, Autonomy)

신용장은 물품매매계약의 이행을 위한 결제방법의 하나로서 매매계약에 근거하여 개설되지만 신용장거 래 그 자체는 원인계약(Underlying Contract)과는 별개의 거래로서 독립성을 가진다. 신용장을 발행하 는 이유가 된 매매계약(매도인과 매수인), 신용장 개설약정(매수인인 개설의뢰인과 은행), 신용장거래 (매도인인 수익자와 은행)의 당사자는 모두 다르며 원칙적으로 신용장 개설 이후에 매수인은 매매계약 상의 문제 등을 이유로 신용장거래에 개입할 수 없다. 결국, 은행은 매매계약의 이행 여부에 구속되지 않고 매매계약과 관련된 이유 또는 항변에 의해서 권리를 침해당하거나 책임지지 않는다.

(2) 추상성(Abstraction)과 서류거래(Document Transaction)의 원칙

은행은 신용장에서 요구한 서류만으로 대금지급 여부를 판단하며 실제 계약의 이행 여부에 대해서는 전혀 관여하지 않는다. 신용장거래는 제시된 서류가 문면(Appearance on the Face of a Document) 상 신용장의 조건에 일치하는지 여부만 문제되며 은행은 오직 서류만을 근거로 지급이행 여부를 심사 한다.

(3) 엄밀일치의 원칙(Doctrine of Strict Compliance)

제시된 서류를 심사하는 은행은 신용장의 조건에 엄밀히 일치하는 서류만을 수리하며, 그렇지 않은 경 우 거절할 수 있다는 원칙을 말한다. 이는 서류가 문면상 엄밀하게 일치하지 않더라도 실질적으로 내용 이 일치하면 대금을 지급한다는 상당일치(Substantial Compliance)의 원칙과 대비되는 개념이다. 은행 은 자신을 보호하기 위하여 엄밀일치의 원칙으로 심사하려 하므로 선의의 수익자가 불이익을 피하기 위해서는 제시 서류가 실질뿐 아니라 그 형식도 완전한지, 외형상의 오류는 없는지 확인하는 것이 중요 하다.

3. 신용장의 한계

(1) 자체 특성으로 인한 한계

① 매도인의 입장: 서류의 엄밀일치 외에도 신용장의 유효기일과 서류제시기일 등의 신용장의 조건들을 준수하여야만 은행의 서류심사를 통과하여 대금을 지급받을 수 있으므로 다른 결제방식보다 까다롭다.

② 매수인의 입장: 신용장의 독립성과 추상성에 기인하는 단점으로, 악의의 매도인이 서류를 위조하여 제시하여도 문면상의 하자만 없으면 대금이 지급되므로 서류를 위조하거나 서류와 다른 물품을 선적하는 경우 피해를 입을 수 있다. 이를 방지하기 위하여 신용장거래 시 사기의 명백한 증거가 있는 경우 대금 지급을 거절할 수 있도록 하는 사기거래의 원칙[27](Fraud Rule)이 독립·추상성의 예외로서 적용된다.

(2) 지급수단으로서의 한계

신용장은 그 처리과정이 복잡하고 서류심사 과정에서 처리가 지연되어 서류의 송부가 늦어지는 경우가 발생할 수 있으며 다른 결제방식에 비해 수수료가 상대적으로 높다.

Ⅲ 신용장거래의 당사자

1. 기본당사자

신용장의 조건변경 또는 취소에 관계되는 당사자를 말한다.

(1) 수익자(Beneficiary/Accreditee)

신용장의 요구 조건에 일치하는 서류를 제시하는 제시자(Presenter)로 대금결제를 받는 당사자를 말한다. 신용장을 이용하여 대금을 지급받는 매도인이며 'in ~'s favour'로도 표현된다.

(2) 개설은행(Issuing/Opening/Establishing Bank)

신용장 개설의뢰인의 신청과 지시에 따라 수익자에게 신용장을 개설(Issue)하는 은행이다. 매수인과 별개로 수익자에게 신용장의 조건에 일치하는 제시를 조건으로 지급확약을 하며 수익자가 발행하는 환어음의 최종적인 지급인(Drawee)이 된다.

신용장의 지급, 인수, 매입 은행에 대하여는 상환의무를 부담한다. 신용장의 발행인의 의미에서 Credit Writing Bank 또는 Issuer, 신용 공여자의 의미에서 Grantor로 불리기도 한다.

(3) 확인은행(Confirming Bank)

신용장 개설은행의 요청이나 수권으로, 개설된 신용장에 일치하는 제시에 대하여 결제 또는 매입의무 이행의 추가적인 확약을 하는 은행이다.

개설은행의 신용도에 확신이 없는 경우 수익자의 요구에 의해 확인은행이 지정되며 주로 수출국 소재 은행이 된다.

---

27) Fraud Rule: 명문의 실정법보다는 영미법상 판례를 중심으로 형성된 개념이다. 신용장거래의 어느 한 당사자가 상대방의 사기행위에 대한 명백한 증거를 근거로 법원의 지급정지(Injunction)명령을 받아 이를 근거로 해당 신용장의 사용을 금지시키거나 대금의 지급을 정지시킬 수 있다. 그러나 이를 확대 적용하는 경우 신용장 제도의 근간을 훼손시킬 수 있으므로 매우 제한적으로 인정되고 있다.

2. 기타 당사자

(1) 개설의뢰인[28](Applicant/Opener/Accountee)

신용장 결제방식의 매매계약에 따라 매도인을 수익자로 하여 신용장을 개설할 것을 개설은행에 의뢰하는 매수인을 말한다. 해당 거래의 실질적 결제인(Accountee)이다.

(2) 통지은행(Advising/Notifying/Transmitting Bank, Adviser)

개설은행으로부터 송부된 신용장을 수익자에게 통지해주는 은행이다. 통지은행이 대금지급이나 지급약정을 하는 은행을 의미하지는 않지만 일반적으로 통지은행이 지정은행이 되는 경우가 많다. 통지은행은 제2통지은행(2nd Advising Bank)를 이용할 수도 있다.

(3) 지정은행(Nominated Bank)

수익자가 신용장을 사용할 수 있는 은행 즉, 해당 신용장의 지급·인수·매입을 위해 지정된 은행을 말하며 신용장이 특정한 은행이 아닌 모든 은행에서 사용 가능한 경우에는 모든 은행이 지정은행이 된다. 수권은행(Authorized Bank)이라고도 하며 해당 신용장의 지급 조건에 따라 다음과 같이 구분한다.

① 지급은행(Paying Bank): 지급신용장(Payment Credit)에 대해 지급하는 은행이다.

② 연지급은행(Deferred Paying Bank): 연지급(Deferred Payment)신용장에 대해 연지급을 확약하고 만기일에 지급하는 은행이다.

연지급이란 수익자의 제시에 대하여 일정 일자에 대금을 지급하겠다는 연지급을 약정(Incur Deferred Payment Undertaking)하고 만기일에 대금을 지급하는 것으로 환어음의 인수와 유사하다. 연지급신용장에서는 환어음이 발행되지 않는데 환어음에 인지세가 부과되는 경우 이를 피하기 위해 주로 사용된다.

③ 인수은행(Accepting Bank): 신용장 조건에 의해, 제시 시에 인수(Acceptance)되는 기한부환어음을 인수하고 만기일에 지급하는 은행이다.

④ 매입은행(Negotiating Bank): 수익자로부터 서류를 구매(Purchase)하고 해당 신용장의 대금 상환일 또는 그 이전에 대금을 지급하는 은행이다.

매입(Negotiation)이란 지정은행이 환어음(지정은행이 아닌 은행 앞으로 발행된) 및/또는 일치하는 제시의 서류를 구매(Purchase)하여 원래의 지급기일 또는 그 이전에 대금을 지급하는 것을 말한다. '네고(Nego)' 또는 '할인(Discount)'이라고도 하며, 일람불 지급이 아닌 신용장의 경우에도 매도인이 선적서류를 제시하고 서류심사 후 바로 대금을 회수할 수 있다.

> Negotiation means the purchase by the nominated bank of drafts(drawn on a bank other than the nominated bank) and/or documents under a complying presentation, by advancing or agreeing to advance funds to the beneficiary on or before the banking day on which reimbursement is due to the nominated bank UCP §2
>
> 매입은 지정은행이, 해당 지정은행에 상환되어야 하는 은행영업일 또는 그 전에 대금을 지급하거나 대금지급에 동의함으로써 환어음(지정은행이 아닌 은행 앞으로 발행된) 및/또는 일치하는 제시의 서류를 구매하는 것을 의미한다.

---

28) **개설의뢰인의 기본당사자 포함 여부:** UCP600의 규정에서 개설의뢰인은 조건변경이나 취소의 당사자가 아니다. 그러나 실질적으로는 조건변경이나 취소는 대부분 매도인과 매수인의 합의에 의해 매수인(개설의뢰인)이 개설은행에 신청하여 이루어지므로 개설의뢰인의 개입 없이 이루어지기 어렵다.

[4] 상환은행(Reimbursing/Settling Bank)

개설은행의 환거래은행[29]으로 신용장의 지급·인수·매입은행으로부터의 상환요청에 상환을 이행하도록 수권 또는 위임된 은행을 말한다. 결제통화가 수입국이나 수출국의 통화가 아닌 제3국의 통화일 경우에는 제3국에 있는 개설은행의 예치환거래은행이 상환은행이 된다. 상환은행은 서류를 심사하지 않으며 개설은행과의 상환약정에 의한 신용장대금의 상환업무만을 할 뿐이다. 한편, 상환은행에 대해 자신이 지급한 신용장대금의 상환요청을 하는 지급·인수·매입은행을 청구은행(Claiming Bank)이라 한다.

[5] 양도은행(Transferring Bank)

양도가능신용장(Transferable L/C)을 최초 수익자인 제1수익자(First Beneficiary)의 요청에 따라 그 금액의 일부 또는 전부를 제2수익자(Second Beneficiary, 양수인; Transferee)에게 양도하는 절차를 진행하는 은행을 말한다.

Ⅳ 전형적인 신용장거래의 진행

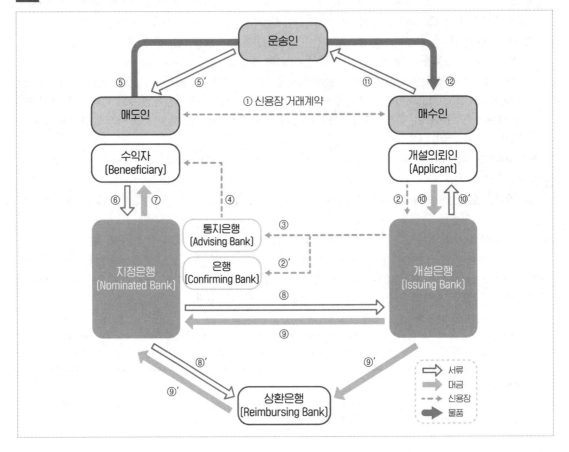

---

29) **환거래은행(Correspondent Bank):** 신용장 개설은행과 환거래계약을 맺은 은행을 말하며 개설은행의 예금계좌 설정 여부에 따라 Depositary Correspondent Bank(예치환거래은행)와 Non-depository Bank로 나눈다. 개설은행과 예치환거래은행은 수익자에게 신용장대금을 지급하고 개설은행의 예금계정에서 차감하여 상환받는다.

① 매도인과 매수인이 신용장결제방식의 물품매매계약을 체결한다.

② 매수인이 개설의뢰인으로서 개설은행에 신용장의 개설을 의뢰한다.

②' 경우에 따라 확인은행이 신용장에 확인(Confirmation)을 추가한다.

③ 개설된 신용장을 통지은행으로 송부하여 수익자에게 통지할 것을 요청한다.

④ 통지은행은 신용장의 외관상 진정성을 확인 후 수익자에게 통지한다.

⑤ 수익자는 계약물품을 계약조건에 따라 선적일에 선적한다.

⑤' 수익자가 운송인으로부터 운송서류(Transport Documents)를 발급받는다.

⑥ 수익자는 신용장의 조건에 일치하는 서류를 준비하고, 필요한 경우 환어음을 발행하여 지급·인수 또는 매입은행에 제시하여 지급·인수 또는 매입을 의뢰한다.

⑦ 지정은행은 신용장조건과 수익자가 제시한 서류의 일치 여부를 심사하여 일치하는 경우 지급·매입 신용장은 대금을 지급하고 연지급·인수신용장은 연지급·인수 약정 후 만기에 지급한다.

⑧ 지정은행은 지급·인수 또는 매입한 환어음과 선적서류를 신용장의 지시에 따라 개설은행 앞으로 송부하고 대금결제를 청구한다.

⑧' 상환은행이 따로 있는 경우 상환은행에 대금결제를 청구한다.

⑨ 개설은행은 지정은행에서 송부해온 서류를 심사하고 서류가 신용장의 모든 조건에 일치하면 만기에 환어음을 결제한다.

⑨' 상환은행이 상환하는 경우 지급·인수 또는 매입 대금을 상환한다.

⑩ 개설의뢰인은 운송인에게서 도착통지(Arrival Notice)를 받고 개설은행에 신용장대금을 결제한다.

⑩' 개설은행은 개설의뢰인에게 서류를 인도한다.

⑪ 개설의뢰인이 운송인에게 운송서류를 제시한다.

⑫ 운송인에게서 물품을 인수받는다.

Ⅴ 신용장의 종류

1. 화환신용장 vs. 무화환신용장

(1) 화환신용장(Documentary Credit)
환어음 등 금융서류 외에도 선적서류의 제시를 요구하는 신용장을 말한다. 대부분의 무역대금의 결제에는 수익자가 발행한 환어음에 선적서류가 첨부된 화환신용장이 이용된다.

(2) 무화환(무담보)신용장(Clean/Documentary Clean Credit)
선적서류가 요구되지 않는 신용장으로 주로 매매대금의 결제가 아닌 용도의 운임, 수수료 등의 결제에 이용되며 보증신용장(Standby Credit)이 이에 속한다.

2. 수입신용장 vs. 수출신용장
하나의 신용장을 매수인인 개설의뢰인의 입장에서 수입신용장(Import Credit)이라 하고 매도인인 수익자의 입장에서 수출신용장(Export Credit)이라고 한다.

3. 취소불능신용장 vs. 취소가능신용장

(1) 취소불능신용장(Irrevocable Credit)

신용장이 개설되어 수익자에게 통지되면 기본당사자(개설은행, 확인은행, 수익자) 전원의 합의 없이는 취소 또는 조건변경이 불가능한 신용장이다. UCP의 규정상 "Irrevocable"의 명시가 있는 경우는 물론, 취소가능 여부에 대한 명시가 없는 신용장도 모두 취소불능으로 본다.

(2) 취소가능신용장(Revocable Credit)

신용장에 "Revocable" 등의 문구로 취소 가능함을 명시한 신용장이다. 개설은행이 수익자에게 사전통지 없이 취소하거나 내용을 변경할 수 있는 신용장으로 엄밀한 의미에서 신용장으로서의 안정성이 없다. 취소가능신용장도 신용장의 취소나 조건변경의 통지가 은행에 접수되기 전에 지급·인수·매입이 이루어진 경우 개설은행이 상환의무를 진다.

4. 확인신용장 vs. 무확인신용장

(1) 확인신용장(Confirmed Credit)

개설은행 이외의 또 다른 은행이 추가적 대금지급확약을 약정한 신용장을 말하며 은행 2곳으로부터 지급확약을 받게 되므로 개설은행이 지급불능이 되더라도 확인은행이 지급하게 된다.

(2) 무확인신용장(Unconfirmed Credit)

제3의 은행에 의한 추가확인 없이 개설은행의 확약만이 있는 신용장이다.

5. 양도가능신용장 vs. 양도불능신용장

(1) 양도가능신용장(Transferable Credit)

"Transferable"의 명시가 있는 신용장으로서, 최초 수익자(제1수익자; 1st Beneficiary)가 신용장금액의 전부 또는 일부를 제3자인 제2수익자(2nd Beneficiary)에게 양도할 수 있는 신용장을 말한다. 제1수익자가 개설의뢰인의 이름을 자신의 이름으로 대체하고 제2수익자의 송장(Invoice)과 환어음을 자신의 것으로 대체할 수 있다. 중계무역이나 매수인의 대리인에 대한 자금 지급, 본·지사 간 거래 등에 주로 활용된다.

(2) 양도불능신용장(Non-Transferable Credit)

"Transferable"을 표시하지 않은 신용장은 양도가 허용되지 않는다.

6. 상환청구가능신용장 vs. 상환청구불능신용장

(1) 상환청구가능신용장(with Recourse Credit)

신용장에 의하여 발행된 어음이 인수·지급 거절되는 경우 발행인 또는 이전 배서인에게 상환청구(Recourse)할 수 있는 신용장이다. 신용장하에서 발행된 어음의 상환청구가능 여부에 따른 구분이다.

(2) 상환청구불능신용장(without Recourse Credit)

어음의 지급거절 시에도 상환청구할 수 없는 환어음이 발행된 신용장이다.

7. 일람출급신용장 vs. 기한부신용장

(1) 일람출급신용장(Sight Credit)

신용장에 일치하는 제시에 은행의 서류 일치 여부 심사 후 바로 결제되는 신용장을 말한다. 신용장 조건하에서 일람불어음(Sight Draft)이 발행되거나 어음발행 없이 일람지급(Sight Payment)되는 신용장이다.

(2) 기한부신용장(Usance L/C)

신용장에 의한 서류의 제시 후 일정 기간이 경과해야 지급되는 신용장으로 개설의뢰인의 자금부담이 완화되는 조건이다. 기한부어음이 발행되는 인수신용장이나 환어음 발행이 없는 연지급신용장이 이에 속한다. 만기일까지의 신용공여(이자부담) 주체에 따라 Seller's(Shipper)/Banker's(buyer's) Usance로 부른다. 수입국의 신용장 개설은행이 신용을 공여하는 경우를 '내국 수입 Usance'라고 한다.

8. 지정신용장 vs. 매입신용장

(1) 지정신용장(Straight Credit)

지급·연지급·인수 즉, UCP의 정의상 결제(Honour)되는 신용장을 말한다. 지정신용장 또는 지급신용장으로 불리며 매입(Negotiation)을 예상하지 않고 발행[30]된 형태이다.

① 지급신용장(Payment Credit)

   ㉠ 일람지급신용장(Sight Payment Credit): 일치하는 제시에 대해 일람불로 지급하는 조건의 신용장이다.

   ㉡ 연지급신용장(Deferred Payment Credit): 제시에 대해 연지급은행이 신용장에서 정한 만기일에 지급하겠다는 연지급확약(Deferred Payment Undertaking)을 하고 만기일에 지급하는 조건의 신용장이다. 인수와 유사하나 환어음이 발행되지 않는다.

② 인수신용장(Acceptance Credit): 수익자의 제시에 대해 인수은행이 신용장에 의해 발행된 환어음을 인수하고 만기에 대금을 지급하는 신용장이다.

(2) 매입신용장(Negotiation Credit)

신용장에 의해 발행된 어음이 매입되는 것을 전제로 발행된 신용장이다. 어음발행인(Drawer), 배서인(Endorser), 소지인(Bearer), 선의의 소지인(Bona Fide Holder)에게 지급할 것을 확약하는 문구가 기재되어 있다.

① 매입제한신용장(Restricted/Special Credit): 매입은행이 특정 은행으로 지정된 신용장이다

② 자유매입신용장(Freely Negotiable/Open/General Credit): 임의의 은행에서 매입 가능한 신용장으로 모든 은행이 지정은행이 된다.

9. 특수목적신용장

(1) 회전신용장[31](Revolving/Self-Continuing Credit)

일정 기간, 일정 금액의 범위에서 신용장금액이 갱신되도록 하여 하나의 신용장으로 계속되는 거래에서 반복 사용할 수 있도록 한 신용장이다. 같은 당사자 간 같은 물품을 장기간 반복적으로 거래할 경우 편리하게 사용될 수 있다.

(2) 전대(前貸)신용장(Red Clause Credit)

수익자가 일치하는 제시를 하기 이전에 지정은행이 신용장대금의 전부 또는 일부를 수익자에게 선불(Advanced Payment)로 지급할 수 있도록 한 신용장으로 수익자에게 수출물품의 생산 또는 구매에 필요한 자금을 미리 융통하여 주기 위해 사용된다. 선불허용 조항을 붉은색으로 표시하여 Red Clause라고 불리며 선대(先貸)/선수/Packing/Anticipatory신용장이라고도 한다.

---

30) 매입신용장과 대비되는 개념으로 구분하지만, Straight Credit도 매입은행이 자신의 위험부담으로 매입은 가능하다. 단, UCP상의 매입은행으로서의 지위는 인정받지 못한다.

31) 해당 회차의 사용가능 금액 중 잔액을 다음 회차로 이월하여 누적할 수 있는지 여부에 따라 누적형(Cumulative)과 비누적형(Non-cumulative)으로 세분한다.

(3) 할부선적신용장(Instalment Shipment Credit)

할부선적계약에 사용되는 신용장으로 일정 기간 동안 일정 수량의 약정물품을 할부로 선적하여 사용하도록 한 신용장이다. 매 선적 시 해당 할부분(Instalment)에 대해 결제ㆍ매입이 이루어진다.

신용장에서 할부청구 또는 할부선적이 일정한 기간 내에 이루어지도록 명시된 경우 해당 할부거래를 위하여 주어진 기간 내에 할부청구나 할부선적이 이루어지지 않으면 그 신용장은 해당 할부분과 향후 할부분에 대하여 더 이상 이용될 수 없다.

(4) 보증신용장(Stand-by L/C)

주로 물품대금의 지급이 아닌 금융 또는 채권보증 등을 목적[32]으로 발행되는 신용장이다.

예를 들어 국제입찰의 참가에 따른 입찰보증(Bid Bond), 계약이행보증(Performance Bond), 선수금상환보증(Advance Payment Bond) 등을 제공한 업체(Customer)가 이들 의무를 불이행하는 경우 정해진 금액 등을 지급하기로 하여 발행된다. 의무불이행에 대해 지급하므로 Non-Performing L/C로 불리기도 한다.

10. 내국신용장(Local/Domestic Credit)

수출신용장을 담보로 국내에서 발행되는 신용장을 말한다.

국내의 원 수익자가 수출품 또는 원자재의 조달을 위해 원신용장(Original/Master/Mother Credit)을 담보로 하여 수출품이나 원자재의 공급자를 수익자로 하는 별도의 신용장을 개설하면 내국신용장의 수익자가 납품 후 내국신용장 개설은행에 원 수익자 앞으로 발행한 환어음을 매도하여 대금을 회수한다.

원신용장을 담보로 하여 발행되어 Secondary/Subsidiary Credit이라고도 하며, 수익자가 외국에 있는 경우에 Baby L/C라고 부르기도 한다.

11. 연계무역(Counter Trade)신용장

동일 당사자 간 수출계약과 수입계약이 상호 간에 이루어지는 연계무역에서는 다음과 같은 신용장들이 사용된다.

(1) 기탁신용장(Escrow Credit)

신용장대금이 수익자에게 직접 지급되지 않고 별도의 약정에 따라 수익자 명의의 기탁계정(Escrow Account)에 기탁되었다가 해당 수익자가 기탁신용장의 개설의뢰인으로부터 수입하는 거래의 대금결제에만 사용하도록 하는 조건으로 개설된 신용장을 말한다.

(2) 동시개설(대응)신용장(Back-to-Back Credit)

거래의 일방이 신용장을 개설하면서 해당 신용장의 수익자가 일정액의 신용장을 상대방에게 개설하여야만 유효하다는 조건을 붙인 신용장을 말한다.

(3) 토마스신용장(Tomas Credit)

동시개설신용장과 유사하나 각 거래가 시차를 두고 발생하는 경우에 사용된다. 일방이 발행한 신용장의 수익자가 개설의뢰인 앞으로 일정액의 신용장을 일정 기간 내에 개설하겠다는 보증서를 발행하도록 하는 조건의 신용장을 말한다.

---

[32] 일반적인 신용장의 경우 신용장 조건에 일치하는 제시에 대금을 지급하지만 보증신용장은 수익자가 보증된 채무가 불이행되었다는 증명을 제출하면 대금을 지급하므로, 일정 범위 내에서는 일반적인 신용장을 대체하여 사용하는 것도 가능하다.

VI Trust Receipt와 Letter of Guarantee

1. T/R(Trust Receipt; 수입화물대도(貸渡))

Sight L/C의 경우, 개설의뢰인이 신용장대금을 지급하고 개설은행에 송부되어 온 선적서류를 인수하여야 하는데 자금이 부족한 경우 이용된다. 자금이 부족한 개설의뢰인에게 개설은행이 금융혜택을 제공하여 개설의뢰인이 대금결제 없이도 서류를 먼저 인수하여 물품을 처분한 수익금으로 대금을 결제할 수 있도록 하는 제도이다.

은행이 해당 물품에 대한 담보권은 유지한 채 처분만 개설의뢰인이 할 수 있도록 판매를 위탁하는 개념으로 볼 수 있다.

2. L/G(Letter of Guarantee; 수입화물선취보증서)

주로 신용장거래 시에 발생하는 상황으로, 화물은 이미 도착하였으나 B/L이 도착하지 않아 물품의 인도가 늦어지는, 소위 선하증권의 위기(B/L Crisis)가 있을 수 있는데 이러한 경우 원본 B/L없이 물품을 인수하고자 하는 경우 사용된다.

신용장거래에서 B/L의 수하인(Consignee)은 개설은행[33]인 경우가 많으며, 개설은행이 개설의뢰인과 연대보증으로 L/G를 발행하는 경우가 많다. L/G는 수하인인 개설은행이 운송인에게 B/L이 도착하는 대로 제출하겠다는 것과, 이로 인해 운송인에게 문제가 발생하면 책임질 것을 약정하는 보증서이다.

운송인이 L/G를 받고 물품을 인도하는 것을 보증도(保證渡)라고 하며, 이는 법적으로 인정된 것이 아닌 상거래의 관행이므로 운송인과 L/G를 제출하는 은행[34] 모두 부담이 크다.

📑 표로 정리하기
상황별 계약 당사자의 명칭

매매계약	매도인(Seller)	매수인(Buyer)
수출입	수출자/수출상(Exporter/Supplier)	수입자/수입상(Importer/Purchaser)
운송	송하인(Shipper Consignor)	수하인(Consignee)
어음발행	발행인(Drawer)	지급인(Drawee/Payer)
어음지급	수취인(Payee)	지급인(Drawee/Payer)
추심	추심의뢰인(Principal)	지급인(Drawee)
채권채무	채권자(Creditor)	채무자(Debtor)
신용장	수익자(Beneficiary)	개설의뢰인(Applicant Opener)
신용장	수신인(Addressee)	개설의뢰인(Applicant Opener)
신용장	신용수령인(Accreditee)	신용공여인(Accreditor)
신용장	사용인(User)	결제자(Accountee)

---

33) 수하인이 은행이 아닌 경우 수하인과 은행이 연대보증하며, 신용장거래가 아닌 D/A, D/P거래에서도 보증도를 활용하는 경우가 있다.

34) 개설은행도 L/G 발급분에 대해서는 클레임을 제기할 수 없으며, 이후 도착한 원본서류에 하자가 있다고 하더라도 지급을 거절할 수 없다. L/G 발급 후 운송서류의 원본이 도착하면 이를 수입화물선취보증 회수요청서(Redemption of Letter of Guarantee)와 함께 운송인에게 제출하여 L/G를 회수(Redemption)한다.

① GREAT BERRINGTON BANK OF COMMERCE Incorporated in San Jose, CA. with Limited Liability	③ IRREVOCABLE DOCUMENTARY CREDIT	④ Credit No HH - 124523
② Place and date of issue San Jose, CA. 15 May 20xx	⑤ Date and place of expiry 1 July 20xx at counter of advising Bank in Seoul	
⑥ Applicant Pineapple Computer Ltd. 801 Infinite Loop, Cupertino, CA. USA	⑦ Beneficiary Leo Trading 159 Shinsa-dong, Gangnam-gu, Seoul Korea	
⑧ Advising Bank Korea Exchange Bank, Seoul Advising Bank's No: KEB234	⑨ Amount USD150,000.00(One hundred fifty thousand only)	

⑫ Partial Shipments ☐ allowed ☐ not allowed	⑬ Transshipment ☐ allowed ☐ not allowed	⑩ Credit available with Korea Exchange Bank. Seoul by ☐ sight payment / ☐ deferred payment / ☐ acceptance / ☐ negotiation against the documents detailed herein.
⑭ Loading on board/from/Busan, Korea not later than 30 June 20xx for transportation to L.A		⑪ ☐ and your drafts(☐ at sight / ☐ at days) drawn on us for full invoice value of goods

⑮ Documents required
- Invoice(s) in quadruplicate
- Packing list in quadruplicate
☐ Full set original clean "On Board" bills of lading made out "to the order of GREAT BERRINGTON BANK OF COMMERCE"
☐ Original air waybill marked "for the consignor "signed by the carrier or his agent.
   marked "Freight ☐ Prepaid / ☐ Collect" and "Notify to 'Pineapple Computer Ltd. 801 infinite loop, Cupertino, CA
☐ Marine / ☐ Air Insurance Policy or Certificate for full CIF value plus 10% conveying ☐ Institute Cargo Clauses(A) / ☐ Institute Cargo Clauses(Air), Institute War Clause(☐ Cargo/ ☐ Air Cargo) and Institute Strikes Clauses(☐ Cargo / ☐ Air Cargo).
☐ Insurance covered by ☐ applicant / ☐ buyer
⑯ covering:
500pcs Display Panel Parts at USD300 per pc C. I.   F Each

⑰ Documents to be presented
within 10 days after the date of issuance of the shipping document(s) but within the validity of the credit

⑱ Special conditions: All banking charges outside U.S. are for account of beneficiary

⑲ We hereby issue this irrevocable documentary credit in your favour which, except so far as otherwise expressly stated, is subject to Uniform Customs and Practice for Documentary Credits(2007 Revision) International Chamber of Commerce, Publication No.600
⑳ ☐ We hereby engage that payment will be duly made against presentation of documents which conform with the terms of this credit.
  ☐ We hereby engage that drafts drawn in conformity with the terms of this credit will be duly accepted on presentation and duly honored at maturity.
  ☐ We hereby engage with drawers and/or bona fide holders that drafts drawn and negotiated in conformity with the terms of this credit will be duly honored on presentation.
so long as there has been strict compliance with all the terms and conditions(including special conditions) of this credit, save to the extent that the same have been amended in writing and signed on our behalf Documentary evidence will be required of compliance with all Conditions of this credit
 	
This document consists of one signed pages.
	㉑ Important Notice To Beneficiary:
	We cannot make any alterations to this credit without opener's authority. Should any of its terms or conditions be unclear or unacceptable, the beneficiary of this credit must contract the opener directly.
	We shall insist on strict compliance with all the terms and conditions of this credit unless and until they have been formally amended in writing signed on our behalf or by this credit. It is not entitled to rely on communications or discussions with us, the advising bank or the opener as in any way amending this credit. The attention of the beneficiary is also drawn to Articles 3 and 4 of UCP 600.

	Advising Bank's notification
	㉒
	Place, date, name and signature of the Advising Bank.

Note: Directions to Advising Bank/Paying Bank/Negotiating Bank are given on the reverse of this credit.

① 개설은행(Issuing Bank)

② 개설일자(Issuing Date) 및 장소(Place)

③ 신용장의 종류(Type of Credit)

④ 신용장번호(Credit No)

⑤ 유효기간(Expiry Date)

> 예 "Drafts must be negotiated on or before……"
>
> "This credit expires in Korea on…… 20xx"
>
> "This credit is valid until(date..) for presentation of documents with the advising bank" 등

⑥ 개설의뢰인(Applicant)

⑦ 수익자(Beneficiary)

⑧ 통지은행(Advising Bank)

⑨ 신용장금액(Credit Amount): 통상 숫자와 문자를 병기하여 금액을 표시한다.

> 예 "up to an aggregate amount of……" "for a sums not exceeding a total of……"
>
> "to the extent of not exceeding a total of……" "for a maximum amount of……"

⑩ 신용장의 사용방법(Method of Availability): "This credit available by" 다음에 지정은행과 'Sight Payment' 'Deferred Payment' 'Acceptance' 'Negotiation' 중 하나를 표시한다.

> 예 "This credit is available with the advising bank by sight payment(or deferred payment) against presentation of the following documents"

⑪ 환어음에 관한 사항: 환어음은 Acceptance와 Negotiation인 경우 요구되지만 Deferred Payment 신용장에서는 요구되지 않는다. Sight Payment 신용장도 대개 환어음의 요구가 없으나 지정된 지급은행(Paying Bank)을 지급인으로 하여 요구할 수도 있다.

> 예 "Beneficiary's drafts at sight for full invoice value drawn on Nominated Bank"
>
> "Your drafts in duplicate for 95% of the invoice value drawn at 90 days after sight on us"
>
> "Beneficiary's drafts at 90 days from shipment date for full invoice value plus interest on us"

환어음의 발행인(Drawer)은 Beneficiary이며 'your draft' 다음에 환어음의 지급기한(Tenor)이 표시된다. 환어음 지급인은 'drawn on' 다음에 지명된 자(위에서는 'US'이므로 개설은행)가 되며 환어음의 금액은 'for' 다음에 표시되는데 대개 상업송장금액과 동일하지만 거래형태에 따라 가감되기도 한다. 대부분의 환어음은 "Drafts…… drawn……under documentary credit NO. ××× issued by ××× bank" 등으로 환어음에 신용장에 관한 사항을 기재하도록 요구한다.

⑫, ⑬, ⑭ 선적에 관한 사항: 선적항(Shipping Port, Port of Loading)은 'Shipment from'에 항구의 명칭이 표시된다. 내륙운송을 포함하는 복합운송증권(Combined Transport Document) 등의 경우에는 발송지(Place of Dispatch), 수탁지(Place of Taking in Charge)가 될 수 있다. 최종목적지(Place of Final Destination)는 'Shipment to' 다음에 표시되며 복합운송에서는 양륙항(Port of Discharge)과 구별되어 표시된다. 최종선적일은 'Shipment not later than' 다음에 표기한다.

분할선적(Partial Shipment)과 환적(Transhipment)은 허용이 되는 경우 "allowed", "permitted", "authorized" 등으로 표시하고, 불허하는 경우 "prohibited", "not allowed", "not permitted" 등으로 표시된다.

⑮ 서류에 관한 사항: 대개 상업송장, 운송서류, 보험서류, 기타서류 등이 요구된다.

> ㉠ 상업송장(Commercial Invoice)은 통상 "Signed commercial invoice in triplicate"과 같이 표기된다.

ⓛ 운송서류(Transport Documents): 해상운송 선하증권은 "Full set of clean on board marine(ocean) bill of lading plus 2 copies made out to our order marked freight prepaid notify applicant", "3/3 set of clean on board marine bill of lading issued to the order of issuing bank indicating place of taking in charge of the goods ×××, port of loading ×××, port of discharge ×××, Place of final destination ×××……" 등으로 요구된다.

ⓒ 항공화물운송장: "Clean air waybill consigned to us showing freight collect notify accountee" 등이 된다.

ⓓ 보험서류(Insurance Documents): 가격조건이 CIF 등인 경우에 보험증권이나 보험증명서를 요구한다. 부보통화는 신용장 통화와 일치하여야 하며 신용장상 특별한 지시가 없으면 부보의 최저금액은 CIF 또는 CIP금액의 110%가 된다.

  예 "Insurance policy or certificate in duplicate blank endorsed for 110% of the invoice value covering Institute Cargo Clause[Ⅰ. C.C.(A)], War Clause, S. R. C. C. and T. P. N. D. Clause"

ⓜ 기타서류(Other Documents): 포장명세서(Packing List), 원산지증명서(Certificate of Origin), 영사송장(Consular Invoice), 검사증명서(Inspection Certificate) 등이 추가로 요구될 수 있다.

⑯ 상품에 관한 사항: 상품에 관해서는 "Covering shipment of" 또는 "Evidencing shipment of" 다음에 표시된다. 대개 상품명(Commodity name), 수량(Quantity), 단가(Unit price), 상품명세(Commodity description), 가격조건(Price terms) 등이 표기된다.

⑰ 서류제시기간(Time limit for presentation)

  예 "Documents to be presented for negotiation within 10 days after the date of issuance of the transport document(s) but within the validity of the credit"

⑱ 특수조건에 관한 사항: 은행수수료와 부담자가 "all banking charges outside U.S. are for account of beneficiary"로 표시되어 있다.

⑲ 신용장 통일규칙 준거문언

⑳ 지급확약문언

㉑ 수익자가 주의해야 할 사항

㉒ 통지은행 확인란

Ⅷ 신용장통일규칙

1. UCP(신용장통일규칙)이란

국제상업회의소(ICC; International Chamber of Commerce)에서 제정한 '상업 화환신용장에 관한 통일규칙 및 관행(Uniform Customs and Practice for Commercial Documentary Credits)'을 말한다.

신용장 업무에서의 해석기준을 통일하여 분쟁예방과 원활한 무역대금결제를 촉진하기 위한 것으로 1933년에 제정된 후 6차례에 걸쳐 개정되었다. 현재 UCP 600으로 통칭되는 2007년 개정 ICC Publication No. 600 이 적용되며 170여 국가의 은행에서 신용장 업무에 활용하고 있다.

2. UCP의 적용

UCP 제1조에서 '신용장에 UCP를 적용한다는 문언을 명시(Expressly Indicate)한 경우 적용되며 명시적으로 수정되거나 배제되지 않는 한 모든 당사자를 구속한다.'고 하고 있다. UCP는 임의법규로서 당사자 간 달리 합의한 경우 그에 따른다.

3. UCP 600의 특징

① UCP 600의 제1조에 전에 없었던 'Rule'이라는 단어를 사용하여 성격을 명확히 함

② 용어의 정의, 해석조항 등 정비로 표현을 간결하고 명확히 함

③ UCP 500에서의 취소가능신용장의 언급 자체를 삭제하여 신용장의 취소불능성 강조

④ ISBP[35]를 반영하고 일자 해석 변경

⑤ 불명확하고 추상적인 표현의 삭제

⑥ 서류심사기간 및 불일치서류의 통지기간의 단축

⑦ 일치성 기준의 확대

⑧ 연지급신용장의 할인허용 등

4. eUCP

(1) eUCP란?

ICC의 '전자적 제시를 위한 화환신용장 통일규칙 및 관행에 대한 보칙(Supplement to the Uniform Customs and Practice for Documentary Credits for Electronic Presentation)'을 말하며 전자무역의 확대에 따른 전자적 자료처리의 국제적 통일규칙으로 마련되었다. 2001년 제정 시에는 버전 1.0이었으며 현재는 2023년 개정된 eUCP 버전 2.1이 최신 버전이다.

(2) eUCP의 적용

① UCP 600과 함께 사용되며, 신용장거래에서 기존의 종이서류를 대신하여 전자적 기록으로만 제시하거나 일부의 서류는 종이서류로 그리고 나머지 서류는 전자적 기록을 제시하는 경우 적용되는 UCP 600을 보충하는 보칙이다.

② 신용장에서 전자문서의 제출을 허용하거나 당사자 간 eUCP를 적용하려는 경우 eUCP가 적용된다는 문언을 명시하여야 한다. 그러나 eUCP가 적용되는 경우에는 UCP 600에 대한 준거문언이 명시되어 있지 않더라도 UCP 600이 적용된다.

③ eUCP가 적용되는 경우 UCP 600과 상충하는 부분에는 eUCP를 우선 적용한다.

④ eUCP신용장이라 하더라도 수익자가 종이서류만 제시하면 UCP만 적용하고, eUCP신용장이 종이서류만을 허용한 경우에도 UCP만 적용한다.

(3) eUCP의 특징

① eUCP는 UCP 600의 개정이 아니라 전자기록의 제시에 대한 불확실성 제거를 위한 UCP 600의 보칙이다.

② eUCP는 전자적 제시 또는 종이문서와 전자적 제시를 혼용할 수 있도록 하고 있다.

③ 기술적 발전에 따른 개정을 위해 버전 번호를 부여하고 있다.

④ UCP 600 조항과의 혼동을 방지하기 위해 eUCP의 각 조는 'e'로 표시되었다.

⑤ 기술적 보안이나 표준에 대한 지침은 제공하지 않는다.

⑥ eUCP는 특정기술이나 전자상거래시스템과는 관계없이 제정되었고 특정 시스템을 제시하거나 정의하고 있지는 않다.

---

35) ISBP(International Standard Banking Practice for Examination of Documentary Credit) 국제표준은행관행. 2002년 발간된 ICC의 화환신용장 심사기준으로 일반원칙, 환어음과 만기의 계산, 송장, 운송서류, 보험서류, 원산지증명서 등의 내용으로 구성되어 있다. 2013년 ISBP 745가 최신본이다.

I 국제 팩토링(Factoring)

1. Factoring이란

무역거래의 매출채권(Account Receivable)을 은행 등의 팩터(Factor)가 일괄양도 받는 팩토링 계약을 체결하여 매도인의 신용위험(Credit Risk)을 인수하고 수출운전자금 금융(Export Working Capital Financing) 제공, 매출채권의 관리, 채권의 회수, 기타의 사무처리 및 컨설팅 등을 제공하는 금융서비스를 말한다.

2. 거래방식

수출팩토링(Export Factoring)의 경우, 매도인과 팩토링계약을 체결한 팩터가 해당 거래의 매수인에 대한 신용조사 후 거래를 승인한다. 매수인이 설정된 신용한도 내에서 물품을 주문하면 매도인이 물품을 선적한 후 해당 매출채권을 팩터에게 양도하고 대금을 지급받는다.[36] 팩터는 매도인이 대금을 지급하기까지의 채권관리 및 회계장부 기록 등의 서비스를 제공한다.

3. Factoring의 대상

주로 중·소규모의 무역의 단기 채권을 취급하며 Open Account 거래와 연계하여 대금의 조기회수 및 위험 회피에도 사용될 수 있다.

4. Factoring의 효용

매도인의 대금회수 위험이 제거되고 매수인의 입장에서는 자신의 신용으로 지급약정이 가능하므로 자금부담이 경감될 수 있다.

Factor는 매수인에 대한 신용승인한도 내에서 채권의 만기일 이전에도 선적서류매입에 의한 금융을 제공하며 Factor가 매도인에게 매수인에 대한 신용조사 결과를 제공하여 주므로 매수인에 대한 신용조사 등에 따른 업무 부담과 비용의 절감이 가능하다.

또한 Factor는 거래에 관련한 신용거래 한도관리, 채권관리 및 회수 등의 서비스 및 경영컨설팅 등 종합서비스를 제공하므로 매도인이 매출채권을 효율적으로 관리할 수 있다.

---

36) 수출팩토링의 비용보다 수수료가 저렴한 Collection Factoring의 경우에는 매출채권의 만기에 매도인의 대금지급 여부에 관계없이 대금을 지급받는다.

Ⅱ 포페이팅 방식

1. 포페이팅(Forfaiting)이란

1950년대 스위스에서 시작되었으며, 은행 등 금융기관(Forfaiter)이 매도인의 중·장기 채권을 소구권 없이 (Without Recourse) 고정요율(Fixed Rate)로 할인 매입하는 무역금융을 말한다.

팩토링과 유사하나 포페이팅의 대상거래는 상대적으로 중·장기 채권이며 거래금액도 크다. 매출채권이 소구권 없이 매입되므로 매도인은 모든 신용위험에서 벗어나게 된다.

2. 거래방식

포페이팅거래의 계약 후 매수인의 보증은행으로부터 지급보증을 받거나 매도인의 환어음에 대한 지급보증 (Aval)을 받는다. 거래물품을 인도하고 매출채권을 할인하여 대금을 지급받는다.

> 📑 **더 알아보기**
>
> **Factoring vs Forfaiting**
>
> 1. Factoring은 계속적 거래에서 발생하는 소규모 매출채권을 대상으로 하나 Forfaiting은 일회성의 상대적으로 큰 규모 (일반적으로 USD100,0000이상)의 매출채권을 대상으로 한다.
> 2. 일반적으로 Factoring은 단기매출채권(주로 180일 이하)을 대상으로 하고 Forfaiting은 상품, 자본재(Capital Goods), 대규모 프로젝트에 대한 중장기매출채권(주로 6개월 ~ 10년)을 대상으로 한다.
> 3. Factoring도 무소구권이 원칙이나 거래에 따를 수 있다. Forfaiting은 항상 소구권 없는 매입이다.

Ⅲ 유사신용장

신용장은 아니지만 매수인의 거래 은행의 의뢰로 매도인의 은행에 신용장에 준하는 지시를 하는 다음의 경우가 있다.

(1) 어음매입수권서(A/P: Authority/Advice to Purchase)

매수인의 요청으로 매도인 소재지의 은행에 일정조건의 서류를 조건으로 매수인을 지급인으로 한 환어음을 제시하면 매입하도록 권한을 부여하는 통지를 말한다. 지급인이 은행이 아닌 매수인이므로 어음지급수권에 비해서는 매도인에게 불리하다.

본·지사 간의 거래인 경우 어음매입지시서(Letter of Instruction)라고도 한다.

(2) 어음지급수권서(A/P: Authority to Pay)

매수인이 거래은행에 의뢰하여, 거래은행의 매도인 소재지의 지점이나 환거래은행에 매도인이 발행하는 어음을 인수 또는 지급할 것을 지시한 통지서이다. 어음지급을 수권(통지)하는 은행이 어음의 지급인(Drawee)이 되므로 어음매입수권서와 구분된다.

신용장과 유사하나, 은행의 지급확약이 없고 취소가능성이 있어 신용장과는 구분되며, UCP가 적용되지 않는다.

PART 5

해상보험

해상보험의 기본개념

Chapter 1

I 해상보험[37]과 보험계약

피보험자가 해상사고로 입을 수 있는 경제적 손해의 위험을 보험자가 보험료를 대가로 인수하고, 손해가 발생한 경우 이를 보상하는 제도를 말한다.

영국 해상보험법(MIA; Marine Insurance Act)의 정의는 다음과 같다.

> A contract of marine insurance is a contract whereby the insurer undertakes to indemnify the assured, in manner and to the extent thereby agreed, against marine losses, that is to say, the losses incident to marine adventure.
>
> 해상보험계약이란 보험자가 그 계약에 의하여 합의한 방법과 범위 내에서 해상손해, 즉 해상사업에 수반되는 손해에 대하여 피보험자에게 보상을 약속하는 계약이다(제1조).

II 해상보험계약의 당사자

1. 보험자(Insurer/Assurer/Underwriter)
위험을 인수하고 보험사고가 발생하여 손해가 발생한 경우 보험금을 지급하는 자를 말한다. 보험회사(Insurance Company) 외에도 개인보험업자(Underwriter) 등[38]이 있다.

2. 보험계약자(Policy Holder)
보험자와 보험계약을 체결하고 보험료를 지급하는 자를 말한다.

3. 피보험자(Insured/Assured)
보험사고 발생 시 보험계약에 의해 보험자로부터 손해보상을 받는 자를 말한다. 피보험자는 보험의 목적물에 피보험이익을 가지는 자여야 한다.

III 보험용어와 개념

1. 보험금과 보험료

(1) 보험료(Insurance Premium)
보험계약에서 보험자가 위험을 인수하는 대가로 보험계약자가 보험자에게 지불하는 금액을 말한다.

(2) 보험금(Insurance Claim)
보험사고 발생 시 보험계약에 따라 보험자가 피보험자에게 지급하는 실제 금액을 말한다.

---

37) 해상보험의 목적물에 따라 적하보험(Cargo Insurance), 선박보험(Hull Insurance), 운임보험(Freight Insurance) 등으로 구분하며 이외에도 희망이익(Expected Profit), 선원의 급료(Wage), 모험대차(Bottomry) 등이 보험의 대상이 된다. 본 Part에서는 적하보험에 대해 주로 알아본다.
38) 이외에도 보험자, 보험계약자를 대리 또는 중개하는 보험대리점(Insurance Agency)과 보험중개인(Insurance Broker)이 있다.

2. 피보험목적물과 피보험이익

[1] 피보험목적물(Subject-matter Insured)

해상보험계약의 대상으로 위험으로 발생한 손해를 입는 객체를 말한다. 보험의 목적물이라고도 하며 적하보험(Cargo Insurance)의 피보험목적물은 화물(Cargo)이 된다.

[2] 피보험이익(Insurable Interest)

피보험목적물에 대한 피보험자의 경제적 이해관계를 말한다. 피보험목적물에 손해가 발생하면 경제적 손해를 입는 자는 해당 피보험목적물에 피보험이익이 있다고 할 수 있다. 피보험이익이 없으면 보험계약의 효력이 발생하지 않거나 무효로 될 수 있다.

피보험이익은 적법한 이익이어야 하며(적법성), 금전으로 환산할 수 있는 이익이어야 하고(경제성), 적어도 보험사고 발생시점까지는 이익의 존재와 그 귀속이 확정될 수 있는 것이어야 한다(확정성).

3. 보험가액과 보험금액

[1] 보험가액(Insurable Value)

피보험이익의 평가액, 즉 피보험목적물에 손해가 발생한 경우 피보험자가 입게 되는 경제적 손해의 최고한도액을 의미한다.

보험계약의 당사자 간 보험가액을 결정하는 경우 협정보험가액이라 하며 계약시점에 보험가액이 협의되었는지 여부에 따라 기평가보험(Valued Policy)과 미평가보험(Unvalued Policy)으로 나눈다. 한편, 보험가액이 당사자 간 협의에 의하지 않고 법적으로 정해지는 경우 법정보험가액이라고 한다.

[2] 보험금액(Insured Amount)

손해발생 시 보험자가 피보험자에게 지급하는 보상의 최고한도액을 의미한다. 적하보험에서는 CIF금액에 기대이익 10%를 더한 금액을 보험금액으로 계약하는 것이 일반적이다.

🔲 더 알아보기

보험가액 vs 보험금액, 보험자 vs 피보험자

1. 보험가액과 보험금액의 크기에 따른 구분
   - [1] 전부보험(Full Insurance)

     보험가액 = 보험금액, 사고(전손) 발생 시 전체 보험금액이 보상된다.
   - [2] 일부보험(Partial/Under Insurance)

     보험가액 > 보험금액, 사고 발생 시 해당 비율에 따라 보상된다.
   - [3] 초과보험(Over Insurance)

     보험가액 < 보험금액, 사고 발생 시 초과부보된 부분은 보상하지 않는다.
2. 보험자와 피보험자의 계약의 유형
   - [1] 중복보험(Double Insurance)

     피보험자가 임의로 동일한 피보험목적물에 대하여 같은 보험기간으로 복수의 보험자에게 보험을 부보한 경우를 말한다. 보험자간 보험계약의 비율로 보상받게 되며 중복보험이 초과보험인 경우 역시 초과부분은 보상되지 않는다.
   - [2] 공동보험(Co-Insurance)

     하나의 피보험 목적물에 대하여 복수의 보험자가 공동으로 인수하는 경우를 말하며 사고 발생 시 보험자들이 비례하여 보상한다.
   - [3] 재보험(Re-Insurance)

     보험자가 자신이 인수한 위험을 다른 보험자에게 다시 보험을 부보하는 것을 말한다.

---

4. 보험증권(Insurance Policy)

(1) 개요

보험계약을 증거하는 서류를 말한다. MIA에서는 보험계약은 보험증권의 발행 여부에 관계없이 피보험자의 청약이 보험자에 의해 승낙된 때 성립한 것으로 간주한다(제21조). 또한 보험증권은 보험계약이 성립된 때 혹은 그 이후에 발급될 수 있다고 하고 있다(제22조).

그러나 해상보험계약은 보험증권에 구현되어(Embodied) 있어야 증거로 인정됨을 동조에서 규정하고 있다. 보험증권에는 해당 보험계약의 세부사항으로 피보험자, 보험자, 피보험목적물, 부보위험, 보험기간, 보험금액 등을 명시하고 보험자가 서명하여야 한다.

(2) 항해보험증권(Voyage Policy)과 기간보험증권(Time Policy)(MIA 제25조)

① Voyage Policy: 보험구간이 '에서 및 부터(At and From)' 또는 '어느 한 장소로부터 다른 장소(From one Place to Another)'인 경우를 말한다.

② Time Policy: 보험구간이 일정 기간(Definite Period of Time)인 경우를 말한다.

(3) 기평가증권(Valued Policy)과 미평가증권(Unvalued Policy)(MIA 제27조, 제28조)

① Valued Policy: 피보험목적물의 협정보험가액(Agreed Value of the Subject-matter Insured)을 기재한 보험증권을 말한다.

② Unvalued Policy: 피보험목적물의 가액(Value)을 기재하지 않고 보험금액의 한도 내에서 추후 확정(to be Subsequently Ascertained)되도록 한 보험증권을 말한다.

(4) 확정보험증권(Definite Policy)과 미확정보험증권(Floating/Provisional Policy)

① 확정보험증권: 보험계약의 내용이 결정되어 모두 기재된 증권이다.

② 미확정보험증권: 일부 보험계약의 내용이 결정되지 않은 상태에서 발급된 증권이다.

우리 상법에서는 '선명미확정의 적하예정보험'에 대한 규정(제704조)을 두고 있다.

MIA에서는 Floating Policy(부동/선명미상 보험증권)을 계약의 내용을 포괄적(in General Terms)으로 기술하고, 선박명(Name of Ship)이나 다른 세부사항(Other Particulars)을 추후의 확정통지(Declaration)로 결정(Define)하는 보험증권으로 정의하고 있다.(MIA 제29조) 포괄예정보험과 대비되는 개념에서 개별예정보험이라고도 한다.

(5) 개별보험(Specific Policy)과 포괄예정보험(Open Cover, Open Policy)

① 개별보험: 특정 선적분 1회에 대하여 보험계약을 체결하는 것을 말한다.

② (포괄)예정보험: 일정 기간(통상 1년) 동안 일정한 내용으로 보험계약을 체결하여 두고 매 선적 시 피보험자의 확정통지(Declaration)에 대해 보험자가 Insurance Certificate을 발행한다.

Ⅳ 해상보험의 원칙

1. 손해보상의 원칙(Principle of Indemnity)

피보험자가 입은 경제적인 손해 중에서도 상실된 피보험이익에 대해 보상한다는 원칙으로 보험에 부보된 피보험이익과 같은 크기의 금전을 보상하여 사고 이전과 동일한 금전적 지위를 되찾도록 한다는 것이다. 따라서 피보험이익이 없는 피보험자는 보상하지 않으며 실제 손해액을 한도로 보상한다.

또한 대위(Subrogation)와 위부(Abandonment)에 의하여 피보험자의 제3자에 대한 일체의 권리와 잔존물에 대한 소유권을 보험자가 취득하게 되어 피보험자의 이중보상에 의한 이익을 방지하고 있다.

2. 최대선의(Utmost Good Faith)의 원칙

보험계약은 당사자 간 최대선의를 전제로 하는 계약으로, 관련된 사실들을 거짓 없이 고지하는 최대선의가 준수되지 않으면 취소될 수 있다.

고지(Disclosure)의무는 보험계약 체결 시 영향을 미치는 중요 사실을 보험자에게 최대선의로 알릴 의무를 말한다.

A contract of marine insurance is a contract based upon the utmost good faith, and, if the utmost good faith be not observed by either party, the contract may be avoided by the other party. Assured must disclose to the insurer, before the contract is concluded, every material circumstance which is known to the assured, and the assured is deemed to know every circumstance which, in the ordinary course of business, ought to be known by him. If the assured fails to make such disclosure, the insurer may avoid the contract.

해상보험계약은 최대선의를 기초로 한 계약이며, 당사자 일방이 최대선의를 준수하지 않으면 상대방은 그 계약을 취소할 수 있다. 피보험자는 자기가 알고 있는 모든 중요사항을 계약이 성립되기 전에 보험자에게 고지하여야 하며, 피보험자는 통상의 업무상 마땅히 알아야 하는 모든 사항을 알고 있는 것으로 간주한다. 피보험자가 그러한 고지를 하지 않은 경우에는 보험자는 계약을 취소할 수 있다. (MIA 제17조, 18조(1))

---

3. 담보(Warranty)

MIA에서의 담보란 약속담보(Promissory Warranty)를 말하며, 피보험자가 보험자에게 일정사항의 준수 또는 조건의 충족을 약정하는 것을 말한다. 이 담보조건이 위반되면 보험계약은 무효가 된다.

(1) 명시담보(Express Warranties)

담보의 내용이 보험증권 또는 별도의 문서에 명시된 경우를 말한다. MIA의 중립담보(Neutrality, 제36조), 안전담보(Good Safety, 제38조) 등이 명시담보의 예이다.

(2) 묵시담보(Implied Warranties)

서면으로 명시되어 있지는 않으나 피보험자가 묵시적으로 준수해야 하는 담보를 말한다.

MIA의 감항담보(Warranty of Seaworthiness, 제39조)와 적법담보(Warranty of Legality, 제41조)가 대표적인 묵시담보이다.

A warranty means a promissory warranty, that is to say, a warranty by which the assured undertakes that some particular thing shall or shall not be done, or that some condition shall be fulfilled, or whereby he affirms or negatives the existence of a particular state of facts. A warranty may be express or implied.

담보에 관한 다음의 조항들에서의 담보는 약속담보를 의미하고, 즉 그것에 의해 피보험자가 어떤 특정한 사항이 행하여지거나 행하여지지 않을 것 또는 어떤 조건이 충족될 것을 약속하는 담보 또는 그것에 의해 피보험자가 특정한 사실상태의 존재를 긍정하거나 부정하는 담보를 의미한다. 담보는 명시담보일 수도 있고 묵시담보일 수도 있다. (MIA 제33조(1),(2))

---

4. 근인주의(Principle of Cause Proximal)

보험손해의 원인이 해상위험 중에서도 보험계약이 담보하는 위험으로서 가장 직접적이고 지배적인 원인에 의하여 즉, 근인(近因; Proximate Cause)하여 발생한 손해에 대해서만 책임이 있다는 원칙이다. 손해를 일으킨 근인이 담보위험이 아니라면 보험자는 보상책임이 없다.

보험계약에는 이 외에도 낙성, 불요식, 유상, 쌍무, 부합(Adhesive), 사행(Aleatory)계약의 성질이 있다.

I 해상위험(Marine Risks/Perils)

1. 해상위험이란

해상항해에 기인하거나 부수하여 발생하는 위험을 말한다.

> "Maritime perils" means the perils consequent on, or incidental to, the navigation of the sea, that is to say, perils of the seas, fire, war perils, pirates, rovers, thieves, captures, seizures, restraints, and detainment's of princes and peoples, jettisons, barratry, and any other perils, either of the like kind or which may be designated by the policy.
>
> '해상위험'은 바다의 항해에 기인하거나 부수하는 위험을 의미한다. 즉, 바다의 위험, 화재, 전쟁위험, 해적, 강도, 절도, 포획, 나포, 군주와 국민의 억류 및 억지, 투하, 선원의 악행 및 이와 동종의 또는 보험증권에 기재되는 일체의 기타 위험을 말한다.
>
> (MIA 제3조)

2. 해상위험의 종류

(1) 해상고유의 위험(Perils of the Sea)

바다의 자연적 위험으로 인한 우연한 사고 또는 재난을 말하며 풍파의 통상적인 작용은 포함되지 않는다(RCP 제7부칙).

① SSCG: 침몰(Sinking), 좌초(Stranding), 전복(Capsizing), 교사(Grounding)

② 악천후(Heavy Weather) 등

(2) 해상위험(Perils on the Sea)

① 화재(fire), 투하(Jettison)

② 선원의 악행(Barratry of Master or Mariners)

③ 해적, 절도, 강도(Pirates, Rovers & Thieves) 등

(3) 전쟁위험(War Perils)

① 군함(Men of War), 외적(Enemies)

② 포획(Capture), 습격(Surprisal), 나포(Seizure), 해상탈취(Taking at Sea) 등

(4) 이와 유사한 기타[39]의 위험(All Other Perils)

3. 담보위험과 면책위험, 비담보위험

(1) 담보위험(Perils Covered)

보험자가 해당 위험에 기인한 손해를 보상하기로 한 위험이다. 즉 담보위험으로 인한 손해인 경우에만 보험자가 보상하며 이러한 담보위험은 일반약관에 의한 경우와 특별약관에 의해 담보되는 경우가 있다.

---

39) 동종제한의 원칙(Principle of Ejusdem Generis): '이와 유사한 기타'란 선행하는 사항과 동등·동종을 의미한다는 해석의 원칙이다.

(2) 면책위험(Excluded Perils)

해당 위험에 기인한 손해는 보험자가 보상하지 않는 위험이다. 면책위험들은 보험증권상 면책약관으로 첨부된다.

(3) 비담보위험(Perils not Covered)

담보위험과 면책위험을 제외한 모든 위험을 말하며 보험계약의 대상에서 제외되어 담보되지 않는 위험이다.

Ⅱ 해상손해(Maritime Loss)

1. 해상손해란

해상위험으로 인하여 피보험이익이 손상 또는 멸실되어 발생하는 피보험자의 경제적 손실을 말한다. 해상보험은 해상위험에 근인하여 발생한 해상손해를 보상한다.

2. 해상손해의 종류

해상손해는 그 정도와 상황에 따라 물적손해, 비용손해, 배상책임손해로 분류된다.
물적손해는 전손과 분손, 비용손해는 구조비용, 손해방지비용, 단독비용 등으로 구분한다.

물적손해 (Physical Loss)	전손 (Total Loss)	현실전손(Actual Total Loss)	
		추정전손(Constructive Total Loss)	
	분손 (Partial Loss)	단독해손(Particular Average)	
		공동해손 (General Average)	공동해손희생손해 (General Average Sacrifice)
			공동해손비용손해 (General Average Expenditure)
			공동해손분담금 (General Average Contribution)
비용손해 (Expense Loss)	구조비(Salvage Charge)		
	손해방지비용(Sue and Labor Charge)		
	단독(특별)비용(Particular Charge)		
배상책임손해 (Liability Loss)	쌍방과실충돌약관(Both to Blame Collision Clause)에 의한 배상책임		

[1] 물적손해(Physical Loss)

① 전손(Total Loss): 피보험이익이 전부 멸실된 경우를 말하며 전손은 다시 현실전손과 추정전손으로 구분된다.

　㉠ 현실전손(Actual Total Loss): 피보험목적물이 현실적으로 전멸된 경우를 말하며 선박의 행방불명(Missing)을 포함한다.

ⓒ 추정전손(Constructive Total Loss): 피보험목적물이 전부 멸실되지는 않았으나 실질적으로 현실전손과 같은 손해가 발생한 경우를 말한다.

추정전손이 발생한 경우 피보험자는 위부(Abandonment)의 통지를 하고 전손으로 처리할 수 있다(MIA 제57조, 제60조 ~ 제63조 참조).

📑 더 알아보기

대위와 위부

해상보험에서 보험사고가 발생하여 이를 보상한 보험자는 피보험자가 피보험목적물에 가지는 권리를 승계하게 된다. 이를 통하여 손해의 원인을 제공한 제3자에게 손해배상을 요구하거나 잔존물을 처분할 수 있게 되며 피보험자가 손해액 이상의 이익을 취하지 못한다.

1. 대위(代位; Subrogation)

   보험사고로 피보험목적물에 발생한 손해를 보상한 경우 피보험목적물에 대한 권리를 승계하게 되며 손해의 원인을 제공한 자에 대한 구상권 등 권리를 보험자가 대신할 수 있다. 전손과 분손에 대하여 모두 적용되며, 보험금을 지급하면 별도의 절차 없이 대위권을 행사할 수 있다.

2. 위부(委付; Abandonment)

   위부는 피보험목적물에 대하여 피보험자가 가지는 소유권 등의 일체의 권리를 보험자에게 이전시키는 것을 말한다. 이로 인해 피보험자가 보험금을 지급받고 잔존물도 처분하여 피해액 이상의 보상을 받는 것을 방지한다. 추정전손이 발생하면 전손처리에 앞서 피보험자가 위부의 통지를 하고 보험자가 승낙하여야 한다.

---

② 분손(Partial Loss): 피보험이익의 일부가 멸실 또는 손상되어 발생한 손해를 말하는데 분손에는 단독해손과 공동해손이 있다(MIA 제64조부터 제66조 참조).

   ⓐ 단독해손(Particular Average): 공동해손에 속하지 않는 피보험목적물 단독의 손해를 말한다.

   ⓑ 공동해손(General Average): 공동의 위험에 처한 피보험목적물의 위험 회피를 위하여 합리적(Reasonably)·자발적(Voluntarily)으로 발생시킨 이례적(Extraordinary)인 비용이나 희생을 공동해손 행위라 하며, 이로 인한 손해를 공동해손이라 한다. 공동해손의 손해형태는 다음과 같다.

   ⓐ 공동해손희생손해(General Average Sacrifice): 공동해손행위에 의해 직접적·물질적으로 희생된 손해를 말한다. 투하(Jettison), 임의좌초(Voluntary Stranding) 등이 있다.

   ⓑ 공동해손비용손해(General Average Expenditure): 공동해손행위로 인한 간접적인 비용손해를 말하며 피난항비용(Port of Refuge Expenses) 등이 이에 속한다.

   ⓒ 공동해손분담금(General Average Contribution): 공동해손행위로 인하여 위험을 피한 이해관계인들은 발생한 손해액을 비율적으로 부담하게 되는데 이렇게 부담한 금액을 말한다. 공동해손분담금의 정산에는 YAR(York-Antwerp Rules)이 적용된다.

[2] 비용손해(Expenses)

① 손해방지비용(Sue and Labour Charges): 피보험자는 보험계약에서 피보험목적물의 손해를 방지 또는 경감(Avert or Minimize)할 의무를 지는데, 이 의무 이행을 위하여 피보험자가 지출하는 비용을 말한다. 보험자가 보험금 전액을 지급한 경우에도 손해방지비용은 모두 지급된다(MIA 제78조, ICC 제16조 참조).

② 구조비용(Salvage Charges): 계약구조가 아닌 화물이나 인명의 임의구조자에게 지급하는 비용이다. 계약구조료는 공동해손비용손해 또는 단독비용의 형태로 보상될 수 있다(MIA 제65조 참조).

③ 단독/특별비용(Particular/Special Charges): 피보험목적물의 안전 및 보존(Safety or Preservation)을 위해 지출된 비용으로 피난항에서의 양륙비, 보관료, 재포장비 등이 이에 속한다(MIA 제64조 참조).

[3] 배상책임손해(Liability Loss)

쌍방과실충돌(Both to Blame Collision)로 인한 배상금을 말한다(ICC 제3조 참조).

Chapter 3 해상보험증권

Ⅰ 해상보험증권이란

보험계약의 내용을 기재한 증권으로 보험자, 피보험자, 피보험목적물, 담보위험, 보험가액, 부보금액(보험금액), 위험의 시기와 종기, 피보험자에 대한 손해배상의 약정 등의 내용을 기재하여 보험계약의 증거로서 보험자가 피보험자에게 교부하는 증서를 말한다.

Ⅱ 협회적하약관(ICC: Institute Cargo Clause)

해상적하보험의 보상범위에 관한 보험조건을 규정한 것으로서 해상보험증권(Lloyd's S.G. Policy)에 첨부하여 사용하기 위해 런던보험자협회(ILU: Institute of London Underwriter)가 1912년에 제정한 보험약관을 말한다.

현재는 구(舊)협회적하약관으로 불리며 전위험담보조건(A/R: All Risk), 분손담보조건(WA: With Average), 분손부담보조건(FPA: Free from Particular Average)의 기본 조건으로 구성되어 있다.

1982년 전면 개정된 신(新)협회적하약관에는 기존의 보험증권에 기재되어 있던 본문약관 중 많은 내용을 포함시켜 해상보험증권은 단지 보험계약성립의 확인문서로서만 기능하도록 단순화하였다.

또한 약관의 명칭을 종래의 A/R, W.A., F.P.A.에 상응하는 ICC(A),(B),(C)로 변경하였다. ICC(A)와 ICC(B) 간의 담보범위를 확대하고, 손해면책비율조항을 삭제했으며, 육상운송 시의 담보조항을 명시하였다. 현재는 2009년 개정된 약관이 적용되고 있다.

Ⅲ 구협회적하약관

1. 기본 조건

(1) A/R(All Risk: 전위험담보)

화물의 고유의 성질이나 하자로 인한 손해와 항해의 지연으로 인한 손해와 전쟁 및 동맹파업위험 등 면책위험을 제외한 전위험을 담보하는 포괄책임주의이다.

(2) W.A.(With Average: 분손담보)

W.A.와 F.P.A.는 보상하는 위험을 명시한 열거책임주의이다.

F.P.A.에서 보상하는 위험에 악천후로 인한 해수침손(Sea Water Damage)과 갑판유실(Washing Over Board) 등을 추가로 보상해 주는 조건이다.

W.A.3%와 WAIOP[40]로 구분되어 있다.

---

40) 면책비율에 대한 규정으로 W.A.3%의 경우 보험금액의 기본면책비율 3% 미만의 손해에 대하여는 보상하지 않고 그 이상의 경우만 보상한다. Excess나 Deductible의 문구가 있는 경우 3%를 제한 금액만 보상하나, Franchise는 면책비율 이상 손해에 대해 공제 없이 보상한다. WAIOP(With Average Irrespective Of Percentage)는 ICC(B)와 같이 이러한 기본면책비율 없이 모두 보상되는 조건이다.

(3) F.P.A.(Free from Particular Average: 분손부담보)

보험목적물의 전손, 공동해손의 경우와 손해방지비용, 구조료, 특별비용 등의 손해를 보상하는 조건이다. 이는 선박의 좌초(Stranding), 침몰(Sinking), 화재(Burning), 충돌(Collision)로 인한 경우 이외의 단독해손손해를 보상하지 않는다. 하역작업 중에 발생한 포장단위당의 전손을 보상하나 신약관 ICC(C)에서는 이를 보상하지 않는 차이가 있다.

2. 면책조건

(1) 피보험자의 고의적인 불법행위로 인한 일체의 손해

(2) 부보화물의 고유의 하자 또는 성질에 의한 손해(Inherent Vice and Nature)

(3) 자연감량 등 위험의 요건을 구비하지 않은 사유에 의한 통상의 손해(Ordinary Loss)

(4) 항해의 지연(Delay in Voyage)으로 인한 손해

(5) 화물의 포장불량으로 인한 손해

IV 신협회적하약관

1. 기본 조건

신약관의 기본약관은 제1조, 제4조 및 제6조를 제외하고 모두 동일한 19개항으로 구성되어 있다.

(1) ICC(A)

구약관의 A/R과 같이 면책위험을 제외한 모든 위험을 담보하는 포괄책임주의이므로 ICC(A)에서는 제4조의 일반면책위험, 제5조의 불내항 또는 부적합성 면책위험과 전쟁면책위험, 동맹파업면책위험을 제외한 모든 위험으로 인한 손해를 보상한다.

(2) ICC(B)

면책위험을 제외한 열거된 위험에 대해서만 보상한다. 담보위험을 제1조 위험약관(Risk Clause)에 열거하여 구약관 W.A.의 담보위험이 명확하지 않았던 것을 보완하였고 면책비율 없이 보상한다.

(3) ICC(C)

ICC(B)와 같이 면책위험을 제외한 열거된 위험에 대해서만 보상한다.

구약관의 F.P.A와 유사하게 가장 부보범위가 좁으며 CIP, CIF하의 최소담보 조건이다.

2. 추가 조건

(1) 특별약관

① 협회전쟁약관(IWC: Institute War Clause)

② 협회파업약관(ISC: Institute Strike Clause)[41]

(2) 부가위험 담보조건(Extraneous Risks)

① TPND: Theft, Pilferage and Non-Delivery(도난, 발하, 불착)

② RFWD: Rain & or Fresh Water Damage(빗물 및 담수에 의한 손해)

③ COOC: Contact with Oil and/or Other Cargo(유류 및 타물과의 접촉손해)

④ WOB: Washing Over Board(갑판유실)

---

41) 구약관에서는 W/S.R.C.C.(War/Strike, Riot, Civil Commotion)으로 표기한다.

⑤ Hook & Hole(갈고리에 의한 손해)

⑥ Breakage(파손)

⑦ Leakage and/or Shortage(누손, 부족손)

⑧ Sweat and/or Heating(가습손과 열손, 습기와 가열에 의한 손해)

⑨ Denting and/or Bending(곡손)

⑩ Rats and Vermin(쥐 및 벌레 손상담보)

⑪ Mould and Mildew(곰팡이 손상담보) 등

[3] 확장담보조건

① 내륙운송확장보험(ITE: Inland Transit Extension): 육상운송에 연장하여 담보하는 특약이다.

② 내륙보관확장담보(ISE: Inland Storage Extension): 내륙의 보세구역 등의 창고에 보관하는 중의 손해에 대하여 그 담보의 기간을 연장하는 특약이다.

<Institute Cargo Clause[2009] 내용>

구분	조	약관제목
담보위험 (Risks Covered)	1	위험약관(Risks Clause)
	2	공동해손약관(General Average Clause)
	3	쌍방과실충돌약관(Both to Blame Clause)
면책조항 (Exclusions)	4	일반면책약관(General Exclusions Clause)
	5	불내항성 및 부적합성면책약관 (Unseaworthiness and Unfitness Exclusion Clause)
	6	전쟁면책약관(War Exclusion Clause)
	7	동맹파업면책약관(Strikes Exclusion Clause)
보험기간 (Duration)	8	운송약관(Transit Clause)
	9	운송계약종료약관(Termination of Contract of Carriage Clause)
	10	항해변경약관(Change of Voyage Clause)
보험금청구 (Claims)	11	피보험이익약관(Insurable Interest Clause)
	12	계반비용약관(Forwarding Charges Clause)
	13	추정전손약관(Constructive Total Loss Clause)
	14	증액약관(Increased Value Clause)
보험이익 (Benefit of Insurance)	15	보험이익불공여약관(Not to Insure Clause)
손해경감 (Minimising Losses)	16	피보험자의무약관(Duty of Assured Clause)
	17	포기약관(Waiver Clause)
지연의 회피 (Avoidance of Delay)	18	신속조치조항(Reasonable Despatch Clause)
법률 및 관습 (Law and Practice)	19	영국의 법률 및 관습조항(English Law and Practice Clause)

<ICC(2009) 담보위험>

조항	약관내용	(A)	(B)	(C)
제1조	① 화재 또는 폭발(Fire or Explosion)	면책위험 이외의 일체의 위험담보	O	O
	② 본선 또는 부선의 좌초, 교사, 침몰, 전복 (Stranded, Sunk, Capsized or Grounded)		O	O
	③ 육상운송용구의 전복, 탈선(Overturning, Derailment)		O	O
	④ 본선, 부선, 운송용구의 타물과의 충돌, 접촉(Collision, Contact)		O	O
	⑤ 피난항(Port of Distress)에서의 화물의 하역		O	O
	⑥ 지진, 화산분화, 낙뢰 (Earthquake, Volcanic Eruption, Lightning)		O	X
	⑦ 공동해손희생손해(General Average Sacrifice)		O	O
	⑧ 투하(Jettison)		O	O
	⑨ 갑판유실(Washing Overboard)		O	X
	⑩ 해수, 호수, 하천수(Sea, Lake or River Water)의 운송용구, 컨테이너, 지게차, 보관 장소로의 침수(Entry)		O	X
	⑪ 적재, 양하 중의 수몰, 낙하에 의한 포장 1개당의 전손 (Overboard, Dropped)		O	X
제2조	공동해손(General Average)	O	O	O
제3조	쌍방과실충돌(Both to Blame Collision)	O	O	O

<ICC(2009) 면책조항>

조항	약관내용	(A)	(B)	(C)
제4조	① 피보험자의 고의적 위법행위(Wilful Misconduct of the Assured)			
	② 통상(Ordinary)의 누손(Leakage), 통상의 중량과 용량의 부족(Loss) 또는 자연소모(Wear and Tear)			
	③ 포장 또는 포장준비의 불충분 (Insufficiency or Unsuitability of packing)	X		
	④ 보험목적물의 고유의 하자 또는 성질(Inherent Vice or Nature)			
	⑤ 지연(Delay)			
	⑥ 선주, 관리자, 용선자, 운항자의 파산 또는 재정상의 채무불이행 (Insolvency or Financial Default)		X	
	⑦ 어떤 자(Other person)의 불법행위(Wrongful Act)에 의한 의도적인 (Deliberate) 손상 또는 파괴	-		
	⑧ 원자핵무기로 인한 손해(Atomic, Nuclear Fission, Fusion or other like Reaction or Radioactive Force or Matter)	X		
제5조	피보험자 또는 사용인이 인지(Privy)하는 선박의 내항성 결여, 부적합 (Unseaworthiness, Unfitness)	X		
제6조	전쟁위험(War)	X Piracy		
제7조	동맹파업(Strike)	X		

Ⅴ 해상보험 관련 법규

1. 영국 해상보험법(MIA)

영국 해상보험법(Marine Insurance Act, MIA 1906)은 영국의 국내법임에도 보험 관련 준거법으로 자주 사용된다. ICC(2009)의 준거법으로 영국의 법률과 관습(English Law and Practice)이 명시되어 있다.

2. York-Antwerp Rule(YAR)

공동해손손해 및 비용에 관한 국제통일규칙으로 1864년 국제공동해손회의에서 요크 규칙(York Rules)을 의결한 이래 1877년 앤트워프에서 요크 규칙을 약간 수정한 요크-앤트워프 규칙이 채택되었다. 이후 1890년, 1924년, 1950년, 1974년, 1990년, 1994년, 2004년 꾸준히 개정되어 왔다.

3. Institute Cargo Clause(협회적하약관)

영국 보험자 협회의 약관이 해상보험의 표준약관으로 사용되고 있다.

PART 6

무역계약의 종료와 클레임

Chapter 1 무역계약의 종료

I 무역계약의 이행과 종료

국제물품매매계약은 매도인과 매수인의 의사의 합치에 의해 성립하고 이때로부터 계약 내용을 이행할 의무를 진다. 이러한 계약 당사자들의 계약상 의무(Contractual Duty)가 원만하게 이행되면 계약은 가장 이상적인 형태로 종료된다.

계약의 목적 달성에 의한 이상적인 종료 외에도 계약이 종료/소멸되는 사유는 여러 가지이며 어떠한 사유에 의하든지 계약의 종료로 인하여 해당 계약의 구속력은 소멸하고 당사자들은 계약상의 의무에서 벗어나게 된다.

II 무역계약의 종료사유

1. 계약이행(Complete Performance)
계약의 모든 조건이 문제없이 이행되어 종료하는 가장 이상적인 형태의 종료사유이다.

2. 합의(Agreement)
계약이 당사자 간 의사의 합치이듯 성립된 계약도 당사자 간 합의로 종료될 수 있다.

3. 기간 만료(Lapse of Time)
계약에서 효력의 유효기한을 정한 경우 기간의 만료로 계약은 종료된다.

4. 이행불능(Frustration, Impossibility of Performance)
계약의 성립시점에 이미 이행이 불가능한 계약, 즉 원시적 불능인 경우와 계약체결 이후의 당사자의 고의나 과실에 의하지 않은 사유에 의한 후발적 불능으로 나눈다.

특정물의 멸실, 전쟁, 후발적 위법, 사정의 근본적 변경 등이 후발적 불능의 사유가 된다.

원시적 이행불능은 계약이 무효이며, 이행불능으로 인해 계약은 계약 시로 소급하여 소멸한다.

5. 계약해제(Avoidance of Contract)

어느 일방의 의무불이행이 계약위반에 해당하는 경우 상대방이 계약의 해제 등 구제권을 행사할 수 있다. CISG에서는 계약해제의 요건으로 계약위반이 본질적일 것임을 요구하며, 계약이 해제되면 당사자들은 계약상의 의무에서 벗어난다. 단, 손해배상과 분쟁해결에 대한 내용, 비밀유지 조항 등의 효력은 유지된다. 계약의 해제에 대한 CISG의 규정은 다음과 같다.

(1) Avoidance of the contract releases both parties from their obligations under it, subject to any damages which may be due. Avoidance does not affect any provision of the contract for the settlement of disputes or any other provision of the contract governing the rights and obligations of the parties consequent upon the avoidance of the contract.

(2) A party who has performed the contract either wholly or in part may claim restitution from the other party of whatever the first party has supplied or paid under the contract. If both parties are bound to make restitution, they must do so concurrently.

(1) 계약의 해제는 손해배상의무를 제외하고 당사자 쌍방을 계약상의 의무로부터 면하게 한다. 해제는 계약상의 분쟁해결조항 또는 해제의 결과 발생하는 당사자의 권리의무를 규율하는 그 밖의 계약조항에 영향을 미치지 아니한다.

(2) 계약의 전부 또는 일부를 이행한 당사자는 상대방에게 자신이 계약상 공급 또는 지급한 것의 반환을 청구할 수 있다. 당사자 쌍방이 반환하여야 하는 경우에는 동시에 반환하여야 한다.

(CISG 제81조)

Chapter 2
계약위반과 구제

I 계약위반(Breach of Contract)

당사자 일방이 계약상의 의무를 이행하지 않은 경우를 말하며 다음과 같은 유형이 있다.

1. 이행지체(Late/Delayed Performance)

계약상의 의무이행의 시기 이내에 의무를 이행하지 않는 것을 말한다.

2. 이행불능(Frustration)

CISG에서는 Frustration을 직접 언급하고 있지는 않지만 손해배상에 대한 면책을 규정하고 있다.

3. 이행거절(Renunciation)

어느 당사자가 의무를 이행하지 않겠다는 의사를 표시하는 것을 말한다.

4. 불완전이행(Partial/Incomplete Performance)

의무의 전체가 아닌 일부만 이행되거나 계약내용과 다르게 이행된 경우를 말한다.

II CISG상 계약의 해제

CISG에서는 계약의 본질적 위반(Fundamental Breach of Contract)의 경우 계약해제가 가능하도록 하고 있다.

> A breach of contract committed by one of the parties is fundamental if it results in such detriment to the other party as substantially to deprive him of what he is entitled to expect under the contract, unless the party in breach did not foresee and a reasonable person of the same kind in the same circumstances would not have foreseen such a result.
>
> 당사자 일방의 계약위반은, 그 계약에서 상대방이 기대할 수 있는 바를 실질적으로 박탈할 정도의 손실을 상대방에게 주는 경우에 본질적인 것으로 한다. 다만, 위반 당사자가 그러한 결과를 예견하지 못하였고, 동일한 부류의 합리적인 사람도 동일한 상황에서 그러한 결과를 예견하지 못하였을 경우에는 그러하지 아니하다. (CISG 제25조)

Ⅲ CISG의 권리구제(Remedy)

CISG에서 규정하고 있는 계약위반에 의한 계약의 해제와 매도인, 매수인의 권리구제에 관하여 다음과 같은 순서로 조항 등을 배열하고 있다.

1. 매수인의 권리구제

(1) 매도인의 의무(제30조 ~ 제44조)

① 물품인도, 서류교부 및 소유권 이전

② 계약에 일치하는 물품(제35조) 및 제3자의 청구 또는 침해로부터 자유로운 물품의 인도(제41조, 제42조)

③ 탁송통지의무(제32조(1)), 운송계약체결의무(제32조(2)), 보험정보 제공의무(제32조(3))

④ 이행정지 통지의무(제71조(3)), 손해경감의무(제77조), 이행장애 통지의무(제79조(4)), 물품 보관의무(제85조) 등

(2) 매수인의 구제방법(제45조 ~ 제52조)

① 특정이행 청구권(Require for Specific Performance)(제46조): 특정이행이란 한 당사자가 계약상 채무를 이행하지 않을 경우 상대방의 청구에 의하여 법원이 해당 채무의 이행을 명하는 것을 말한다. CISG에서는 유사한 매매계약에 대하여 각국의 국내법상 특정이행이 가능한 경우에 한하여 법원이 특정이행을 명할 수 있도록 하고 있다(제28조).

   ⊙ 대체품 인도청구권(Require for Delivery of Substitute Goods): 계약과 일치하지 않는 물품이 인도된 경우에 행사할 수 있다. 이를 위해서는 i) 불일치의 정도가 본질적 위반에 해당하며, ii) 매수인이 검사 및 하자통지의무를 이행하여야 하고, iii) 청구가 합리적인 기간 내에 이루어져야 한다. 이미 수령한 불일치 물품은 반환하여야 한다.

   ⊙ 하자보완 청구권(Require for Repair) 등: 계약과 불일치한 물품의 하자보완을 청구할 수 있다. 이때 청구의 내용이 합리적이어야 하며, 합리적인 기간 내에 요청하여야 한다.

② 이행부가기간 설정권(Additional Period)(제47조): 매도인이 이행하지 않은 의무에 대해 추가하여 의무이행 기간을 지정할 수 있다. 이 기간 동안은 매도인이 의무이행을 거절하지 않는 한 계약위반에 의한 구제를 구할 수 없다.

③ 계약해제권(Avoidance of Contract)(제49조): 계약의 해제란 한 당사자의 일방에 의하여 계약을 소급적으로 소멸시키는 것을 말한다. 계약해제에는 원상회복의무가 따르므로 해지와 구분된다.

CISG에서는 i) 매도인의 본질적 계약위반의 경우와 ii) 부가기간을 설정한 경우 매도인이 이행을 거절하거나 부가기간이 경과한 때 계약을 해제할 수 있도록 하고 있다.

④ 대금감액권(Price Reduce)(제50조): 물품의 불일치가 있는 경우, 대금의 지급 여부와는 관계없이 계약물품과 인도된 물품의 차액에 대해 감액할 수 있다. 단, 매도인이 하자를 보완하였거나 하자보완 요구를 매수인이 거절한 경우에는 행사할 수 없다.

2. 매도인의 권리구제

(1) 매수인의 의무(제53조 ~ 제60조)

① 대금의 지급 및 인도의 수령

② 물품검사 및 부적합 통지의무(제38조, 제39조), 권리하자에 대한 통지의무(제43조(1))

③ 이행정지의 통지의무(제71조(3)), 손해경감의무(제77조), 이행장애의 통지의무(제79조(4)), 물품 보관의무(제85조) 등

(2) 매도인의 구제방법(제61조 ~ 제65조)

① 이행청구권(제62조)

㉠ 대금지급 청구권(Require to Pay)

㉡ 인도수령 청구권(Require to Take Delivery) 등

② 부가기간설정권(제63조)

③ 계약해제권(제64조): 본질적 계약위반, 부가기간의 적용에 있어서는 매도인의 계약해제권과 유사하다. 매수인이 대금을 지급한 경우, ㉠ 이행지체 중이던 매수인이 이를 이행한 것을 알기 전에 ㉡ 이행지체 이외의 경우, 계약위반을 알았거나 알았어야 한 때와 부가기간이 종료한 때 또는 부가기간 중 매수인이 이행거절을 한 때로부터 합리적인 기간 내에 해제하여야 한다.

④ 물품명세(Specification) 확정권(제65조): 계약상 매수인이 물품의 명세를 지정하기로 되어 있으나 이행하지 않는 경우 매도인이 스스로 물품명세를 작성할 수 있는 권리이다. 매도인은 자신이 작성한 명세를 매수인에게 통지하고 상당한 기간(Reasonable Time)을 설정하여 매수인이 이를 변경할 수 있도록 해야 한다.

3. 매도인과 매수인의 공통규정

(1) 공통적용 사항

① 위험이전의 원칙들(제66조 ~ 제70조)

② 의무이행정지 및 이행기일전 계약해제(제71조, 제72조): 상대방의 의무불이행이 확실한 경우 자신의 의무이행을 정지할 수 있고, 본질적 계약위반이 명백한 경우에는 계약이행기 이전이라도 계약을 해제 할 수 있다.

③ 분할이행계약의 해제(제73조)

④ 손해배상(제74조 ~ 제77조)

⑤ 이자(제78조)

⑥ 면책(제79조 ~ 제80조)

⑦ 계약해제의 효력(제81조 ~ 제84조)

⑧ 물품보존의무와 물품의 매각(제84조 ~ 제88조)

(2) 손해배상청구권(Claim Damage)(제74조 ~ 제77조)

<CISG상의 매도인과 매수인의 구제책>

매도인	매수인
특정이행(Require Performance)청구권	
대금지급(Pay)청구권	대체품(Substitute Goods)인도청구권
인도수령(Take Delivery)청구권	하자보완(Repair)청구권
부가기간(Additional Period)설정권	
계약해제(Declare Contract Avoided)권	
손해배상(Claim Damage)청구권	
물품명세(Specification)확정권	대금감액(Reduce Price)권

Chapter 3 무역클레임

Ⅰ 무역클레임(Claim)이란

계약의 한 당사자인 청구자(Claimant)가 상대방인 피청구자(Claimee)의 불이행, 불완전이행 등으로 입은 피해에 대한 손해배상 또는 기타 이행을 청구하는 것을 말한다.

Ⅱ 무역클레임의 종류

1. 청구내용에 따른 구분
직접적 금전배상으로 손해배상, 위약금, 가격조정 등을 요구하는 경우와 그 이외의 계약해제, 반환청구, 하자보완 등을 요구하는 경우가 있다.

2. 발생 원인에 따른 구분

(1) 계약 자체에 대한 클레임
계약의 성립, 불완전하거나 불명확한 내용에 대한 해석, 계약기간, 대상 등을 이유로 하는 클레임이 있다.

(2) 계약 일치 여부에 대한 클레임
계약과 상이한 물품의 품질, 수량, 포장, 선적, 손상, 지연, 가격, 결제 관련 서류의 불일치 등에 관한 클레임이 있다.

3. 클레임 성격에 따른 구분
일반적 클레임 이외에 고의 또는 사기의 의도가 있는 계획적 클레임(Planned Claim), 자신의 손해를 보전하고자 경미한 불일치를 이유로 제기하는 Market Claim 등이 있다.

4. 제기주체에 따른 구분
매도인클레임(Seller's Claim)과 매수인클레임(Buyer's Claim)으로 구분할 수 있으며 주로 매수인의 클레임이 많다.

> 📖 **더 알아보기**
>
> **Claim Clause**
>
> Any claim by Buyer of whatever nature arising under this Contract shall be made by cable within 7days after arrival of the Goods at the destination specified in the bills of lading. Full particulars of such claim shall be made in writing, and forwarded by registered mail to Seller within 10days after such cabling. Buyer must submit with particulars the inspection report by a reputable surveyor. Failure to make such claim within such period shall constitute acceptance of shipment and agreement of Buyer that such shipment fully complies with applicable terms and conditions.

Ⅲ 클레임의 제기 및 처리절차

1. 물품검사 및 통지
매수인은 물품을 수령하고 계약과 적합여부를 검사하여야 한다. 검사방법, 시기, 통지의 방법 등은 계약 또는 해당 준거규정에 따라야만 적법한 클레임을 제기할 수 있다.

2. 클레임의 제기
계약에서 정한 클레임 통보방법으로 제기 기간 내에 클레임의 원인을 증명하는 검사보고서(Survey Report) 등 서류를 근거로 제기하여야 한다. 손해배상의 청구액 등 구체적 요구사항을 제시하여야 하며 해당되는 경우 수령물품의 반송 등 의무를 이행하여야 한다.

3. 클레임 내용의 입증
당사자 간 약정에 따라 접수된 클레임에 관련한 세부사항 및 이를 입증할 수 있는 자료 등을 정해진 방법과 기간 내에 제시하여야 한다.

4. 클레임의 접수
접수된 클레임을 명확히 파악하여 적법한 근거로 적법한 절차에 의한 클레임인지 판단하여야 한다. 적법한 클레임의 경우 발생원인 규명 및 클레임의 요구대로 수용할 것인지를 결정한다.

5. 클레임의 수락 또는 거절
정당한 클레임의 경우 신속하고 합리적인 방법으로 손해배상을 하거나 이외의 대체 보상안을 협상한다. Market Claim 등의 부당한 클레임은 반증자료로 항변하고 청구거절을 통보한다.

Ⅳ 무역클레임의 해결

1. 당사자 간 해결

(1) 청구권의 포기(Waiver of Claim)
Claimant가 클레임을 포기하고 철회하는 것을 말한다. 다른 조건 제안을 수락하거나 경고, 재발방지 약속 등을 받고 이후의 거래관계를 원만하게 유지하기 위함이다.

(2) 타협(Compromise)과 화해(Amicable settlement)
당사자 간 타협에 의해 클레임 해결을 합의하는 것으로 가장 바람직한 방법이다.

2. 제3자 개입에 의한 해결

(1) ADR(Alternative Dispute Resolution; 대안적 분쟁해결)

소송 이외의 방법에 의한 분쟁해결을 말하며 다음과 같은 종류가 있다.

① 알선(Intercession/Recommendation): 제3자가 개입하여 원만한 해결을 위한 조언을 함으로써 합의를 유도하는 방법이다. 형식적인 절차가 없고 강제력이 없어 당사자 간 서로 합의에 이르지 못하면 종료된다.

② 조정(Mediation/Conciliation): 당사자 간 합의한 제3자를 조정인(Mediator)으로 선임하여 조정인이 제시한 해결방안에 합의하여 분쟁을 해결하는 방법이다. 중재와 달리 어느 한 당사자가 중재안을 받아들이지 않으면 구속력이 없다.

③ 중재(Arbitration): 당사자 간 서면의 중재합의에 따라 제3자를 중재인(Arbitrator)으로 선임하여 분쟁해결을 중재인에게 맡기는 방법이다. 양 당사자는 중재인의 중재판정(Awards)에 따라야 하며 중재판정은 법원의 확정판결과 동일한 효력을 가진다.

우리나라의 무역부문 중재기관에는 대한상사중재원(Korean Commercial Arbitration Board)이 있으며 중재규칙(Rules of Arbitration)이 마련되어 있다.

단심제로 소송보다 신속하며 항소가 불가하고 중재에 위탁한 사건은 다시 소송으로 다툴 수 없다. 외국 중재판정의 집행을 위한 UN협약(NY협약)에 의해 중재판정의 집행 또한 용이하다.

(2) 소송(Litigation)

법원에 소를 제기하여 해결하는 방법이다. ADR에 의한 분쟁을 해결할 수 없는 경우 또는 중재 합의가 없는 경우 진행되며 무역거래에서는 상이한 국가 간의 소송이 되므로 재판관할이나 준거법이 문제된다. 많은 비용과 긴 시간이 소요되고 재판관이 해당분야의 전문가가 아니라는 점, 외국 법원의 판결의 집행 문제 등 단점이 있다.

3. 상사중재(Commercial Arbitration)

(1) 중재란

당사자 간 분쟁을 법원의 판결이 아닌 공정한 제3자인 중재인(Arbitrator)의 중재판정(Award)으로 해결하는 것을 말한다. 중재를 이용하기 위해서는 사전에 계약서 등에 중재합의에 대한 서면의 약정이 있어야 한다.

(2) 중재의 장·단점

① 비공식, 비공개로 진행되며 비밀이 보장된다. 단심으로 종결되며 그 기간 또한 통상적으로 약정기간 내에 또는 중재개시일로부터 3개월 이내에 종결되어 신속하다.

② 해당분야의 전문가로 중재판정부(Arbitral Tribunal)를 구성할 수 있으며 중재판정은 법원의 확정판결과 동일한 효력이 있다. 또한 NY협약 가입국에서는 외국중재판정의 승인 및 집행이 용이하다.

③ 단심제로 상소수단이 없고 중재에 맡겨진 사안은 소송을 제기할 수 없다. 또 중재인의 성향이나 판정 기준이 법원보다는 편파적일 수 있다는 단점도 있다.

📖 **더 알아보기**

대한상사중재원(Model Clause)

Any disputes arising out of or in connection with this contract shall be finally settled by arbitration in Seoul in accordance with the International Arbitration Rules of the Korean Commercial Arbitration Board.

The number of arbitrators shall be [one/three]. The seat, or legal place, of arbitral proceedings shall be Seoul, Korea. The language to be used in the arbitral proceedings shall be English.

---

[3] 중재판정(Award)

① 중재판정의 효력: 중재판정은 중재인의 최종결정이며 양 당사자를 구속한다. 중재판정은 서면으로 작성되며 국내적 효력은 법원의 최고심 확정판결과 동일하므로 항소 또는 상고, 당사자의 불복, 중재인의 판정 철회 또는 변경이 불가하다.

중재판정에 권리의 존부확인, 급부명령이 있으면 법원에서도 이에 반하는 판단을 할 수 없다. 그러나 판정에 집행력은 부여되지 않는다.

② 중재판정의 집행: 외국중재판정(Foreign Arbitral Award)이란 중재판정이 내려진 장소와 그 판정이 집행될 국가가 다른 중재판정을 말하며 판정을 인정하는 승인(Recognition)과 집행(Enforcement)이 문제된다.

중재판정의 집행에는 'NY협약'으로 불리는 '외국중재판정의 승인 및 집행에 관한 UN협약(1958)'이 적용 가능한데 중재판정의 집행이 요구되는 국가 이외의 국가의 영토 내에서 내려진 중재판정 및 내국판정이 아닌 중재판정에 적용되며, 다른 국가의 중재판정이라 하더라도 체약국 내에서는 유효하게 인정되어 집행될 수 있는 근거가 되는 협약이다.

2026 대비 최신판

해커스관세사
진민규
무역영어 1 핵심이론

초판 1쇄 발행 2025년 4월 4일

지은이	진민규
펴낸곳	해커스패스
펴낸이	해커스관세사 출판팀

주소	서울특별시 강남구 강남대로 428 해커스관세사
고객센터	02-537-5000
교재 관련 문의	publishing@hackers.com
학원 강의 및 동영상강의	cca.Hackers.com

ISBN	979-11-7244-892-9 (13320)
Serial Number	01-01-01

해커스관세사

진민규
무역영어

1 | 핵심이론

관세사 합격의 확실한 해답!

해커스관세사 진민규 무역영어 교재

해커스관세사
진민규
무역영어 1

해커스관세사
진민규
무역영어 2

정가 **14,000** 원

13320

9 791172 448929

ISBN 979-11-7244-892-9

능력과 가치를
높이고 싶다면
된다!

상위 1% 블로거가 쓰는
생성형 AI 활용 노하우

된다!

블로그 10분 작성법

기획부터 초안 작성, 사진 보정, 포스팅까지!

남들보다 더 많이 쓰고
꾸준하게 운영하자!

네이버 인플루언서 **코예커플(김상준, 강예진)** 지음

이지스퍼블리싱

연평균 방문자 수 1,000만 명! IT 분야 상위 1%!
진짜 '파워 블로거'의 생성형 AI 글쓰기 노하우!

코예커플(김상준, 강예진)

blog blog.naver.com/aiwositai

감성적인 ENFP 문과 아내와 논리적인 ISTJ 이과 남편이 만나 13년째 블로그로 함께 밥벌이를 하고 있습니다. 데이트 기록으로 시작한 블로그가 이렇게 커질 줄은 상상도 못 했습니다. 블로그 덕분에 회사를 그만두고 디지털 노마드로 글을 쓰고 창작 활동을 이어가고 있습니다.

블로그를 운영하면서 '챗GPT와 같은 생성형 AI를 글쓰기에 접목하면 어떨까?' 하는 생각으로 여러 방면으로 활용해 보았고, 창작과 업무 효율성을 혁신적으로 향상할 도구임을 확신했습니다. 현재도 생성형 AI를 활용해 텍스트 생성, 정보 분석, 아이디어 구상 등을 하고 있으며, 이런 저희의 경험을 나누고 싶어서 이 책을 집필했습니다.

주요 경력

- (현) 주식회사 코예컴퍼니 대표이사
- (현) 주식회사 유어사이드 사내이사
- (전) 네이버 IT/테크 인플루언서 1위
- 네이버 블로그 '코예커플 IT' 13년째 운영 중
  - 연평균 방문자 수 1,000만 명
  - 2024년 현재 블로그 총 방문자 수 8,300만 명
  - 네이버 테크 부문 '이달의 블로그'로 선정(2017. 11.)
- 삼성, LG, MS, 어도비 등 국내외 IT 기업과 협업 약 3,000건
- KT 앰배서더 토커 최우수 Talker로 선정

저자와 소통할 수 있는 방법

[이메일] aiwositai@naver.com

이 책의 실습 파일 다운로드

[이지스퍼블리싱 자료실] easyspub.co.kr